世界文化鉴赏系列

世界名车鉴赏

（珍藏版）

《深度文化》编委会 ◎ 编著

清华大学出版社

北京

内 容 简 介

本书是介绍世界各型汽车的科普图书，书中精心收录了近 190 款具有极高艺术价值、文化价值、鉴赏价值和收藏价值的经典车型，代表了世界汽车工业的突出成就。每款汽车都详细介绍了生产时间、市场售价、布局形式、尺寸规格、外观造型、内饰设计、行驶性能等知识，并配有精致美观的插图，尽力展示汽车的内外风貌。

本书体例科学简明，分析讲解透彻，图片精美丰富，适合广大汽车爱好者阅读和收藏，也可以作为青少年的科普读物。

本书封面贴有清华大学出版社防伪标签，无标签者不得销售。
版权所有，侵权必究。举报：010-62782989，beiqinquan@tup.tsinghua.edu.cn。

图书在版编目 (CIP) 数据

世界名车鉴赏：珍藏版 /《深度文化》编委会编著．—北京：清华大学出版社，2021.7（2025.3 重印）
（世界文化鉴赏系列）
ISBN 978-7-302-57441-5

Ⅰ．①世… Ⅱ．①深… Ⅲ．①汽车—鉴赏—世界 Ⅳ．① U469

中国版本图书馆 CIP 数据核字（2021）第 021174 号

责任编辑：李玉萍
封面设计：李　坤
责任校对：张彦彬
责任印制：曹婉颖

出版发行：清华大学出版社
网　　址：https://www.tup.com.cn，https://www.wqxuetang.com
地　　址：北京清华大学学研大厦 A 座　　邮　　编：100084
社 总 机：010-83470000　　邮　　购：010-62786544
投稿与读者服务：010-62776969，c-service@tup.tsinghua.edu.cn
质 量 反 馈：010-62772015，zhiliang@tup.tsinghua.edu.cn
印 装 者：北京联兴盛业印刷股份有限公司
经　　销：全国新华书店
开　　本：146mm×210mm　　印　　张：12.5　　字　　数：400 千字
版　　次：2021 年 9 月第 1 版　　印　　次：2025 年 3 月第 9 次印刷
定　　价：69.00 元

产品编号：088389-01

前言

　　汽车，即本身具有动力得以驱动，无须依赖轨道或电缆行驶的车辆。广义来说，具有两轮或以上以原动机行驶的车辆，便可称为汽车；狭义来说，仅指四轮以上以原动机行驶的车辆（也就是生活中所说的汽车）。虽然，长久以来学术界对"谁是第一位汽车发明者"皆有不同的看法及论述，但是，绝大部分学者皆将德国工程师卡尔·本茨视为第一位发明者。本茨制造了三轮汽车以后，戈特利布·戴姆勒首先制造出四轮汽车，美国人亨利·福特首先大量生产出平价汽车，是使汽车得以普及化的人。

　　汽车的诞生与发展，大大推进了人类社会进步的速度。它极大地拓展了人类的活动范围，提高了社会的效率，推动了科技的进步与发展。从20世纪初至今的一百多年，人类社会的进步远远超过了此前几千年的发展总和，汽车在其中起到了至关重要的作用。作为重要的陆路交通工具，目前全世界有几亿辆汽车在行驶，并且以每年几千万辆的速度增长。汽车已成为人类最常用的交通工具，全世界有一半以上的客货运输由汽车来完成。

　　汽车是工业文明的结晶，不仅能作为交通工具使用，还具有极大的收藏价值，特别是一些技术先进、售价昂贵的豪华车型，更是让人叹为观止。最初的汽车收藏者大多出于个人爱好，空闲时间开上老式汽车出游是20世纪后半叶有钱人流行的生活方式之一。而现在，汽车市场的迅猛发展还让收藏汽车产生了经济回报。对于普通人来说，品鉴汽车也是一种美的享受。

本书是介绍世界各型汽车的科普图书，全书共分为6章，第1章详细介绍了汽车的历史、类型和基本结构等知识，其他各章分别介绍了轿车、跑车、运动休旅车、皮卡和房车中的经典车型。每款汽车都详细介绍了生产时间、市场售价、布局形式、尺寸规格、外观造型、内饰设计、行驶性能等知识，并配有精致美观的插图。通过阅读本书，读者可以深入了解世界汽车的发展历程，并全面认识不同厂家生产的不同类型的汽车，迅速熟悉它们的设计风格。

本书是真正面向汽车爱好者的基础图书，编写团队拥有丰富的汽车类图书写作经验，并已出版了数十种畅销全国的图书作品。与同类图书相比，本书具有科学简明的体例、丰富精美的图片和清新大气的装帧设计。

本书由《深度文化》编委会创作，参与编写的人员有丁念阳、阳晓瑜、陈利华、高丽秋、龚川、何海涛、贺强、胡姝婷、黄启华、黎安芝、黎琪、黎绍文、卢刚、罗于华等。对于广大汽车爱好者以及有意了解汽车知识的青少年来说，本书不失为极具价值的科普读物。希望读者朋友们能够通过阅读本书循序渐进地丰富自己的汽车知识。

目录

第1章 简述汽车 ... 1

汽车的发展历史 2
汽车的基本结构 9
汽车的主要分类 8

第2章 经典轿车 ... 15

劳斯莱斯银魅 16
玛莎拉蒂吉卜力 40
劳斯莱斯银魂 17
梅赛德斯—奔驰 C 级 42
劳斯莱斯银灵 18
梅赛德斯—奔驰 CLA 级 44
劳斯莱斯银天使 19
梅赛德斯—奔驰 CLS 级 46
劳斯莱斯古斯特 20
梅赛德斯—奔驰 E 级 48
劳斯莱斯魅影 22
梅赛德斯—奔驰 S 级 50
劳斯莱斯幻影Ⅷ 24
宝马 3 系 52
宾利雅致 26
宝马 4 系 54
宾利欧陆 GT 28
宝马 5 系 56
宾利欧陆飞驰 30
宝马 6 系 58
宾利慕尚 32
宝马 7 系 60
保时捷 928 34
宝马 8 系 62
保时捷帕拉梅拉 36
宝马 M3 64
玛莎拉蒂总裁 VI 38
宝马 M4 66

宝马 M5	68	沃尔沃 S90	100
宝马 M6	70	捷豹 XJ	102
奥迪 A4	72	捷豹 XE	104
奥迪 A5	74	捷豹 XF	106
奥迪 A6	76	大众辉腾	108
奥迪 A7	78	大众辉昂	110
奥迪 A8	80	雷克萨斯 ES	112
凯迪拉克 ATS	82	雷克萨斯 LS	114
凯迪拉克 CTS	84	雷克萨斯 GS	116
凯迪拉克 XTS	86	雷克萨斯 RC	118
凯迪拉克 STS	88	雷克萨斯 LC	120
凯迪拉克 CT6	90	英菲尼迪 Q70	122
林肯大陆	92	讴歌 RLX	123
林肯 MKZ	94	现代雅科仕	125
克莱斯勒 300C	96	起亚 K9	127
沃尔沃 S60	98		

第3章 经典跑车

法拉利恩佐	130	法拉利波托菲诺	156
法拉利 575M 马拉内罗	132	法拉利蒙扎 SP	158
法拉利 F430	134	法拉利 F8 特里布托	160
法拉利 612 斯卡列蒂	136	法拉利 SF90 斯达德尔	162
法拉利 599 GTB 费奥拉诺	138	法拉利罗马	164
法拉利 458 意大利	140	兰博基尼蝙蝠	166
法拉利 FF	142	兰博基尼盖拉多	168
法拉利 F12 伯林尼塔	144	兰博基尼雷文顿	170
法拉利拉法	146	兰博基尼埃文塔多	172
法拉利加利福尼亚	148	兰博基尼第六元素	174
法拉利 488	150	兰博基尼毒药	176
法拉利 GTC4 罗丝欧	152	兰博基尼飓风	178
法拉利 812 超高速	154	兰博基尼百年纪念	180

兰博基尼 Sian FKP 37 182	迈凯伦 F1 218
玛莎拉蒂 MC12 184	迈凯伦 P1 220
布加迪威龙 186	迈凯伦 570S 222
布加迪凯龙 188	迈凯伦 720S 223
布加迪迪沃 190	西尔贝大蜥蜴 225
帕加尼风之子 192	捷豹 XJ220 227
帕加尼风神 194	保时捷卡雷拉 GT 229
柯尼赛格 CC8S 196	保时捷 918 斯派德 231
柯尼赛格 CCR 198	保时捷 992 233
柯尼赛格 CCX 200	梅赛德斯—奔驰 SL 级 235
柯尼赛格 Agera R 202	梅赛德斯—奔驰 SLR 迈凯伦 ... 237
柯尼赛格 One:1 204	梅赛德斯—奔驰 SLS AMG 239
柯尼赛格统治者 206	宝马 Z4 241
柯尼赛格 Jesko 208	奥迪 R8 243
阿斯顿·马丁 One—77 210	雪佛兰科尔维特 245
阿斯顿·马丁火神 212	福特野马 247
阿斯顿·马丁 DB11 214	日产 GT—R 249
阿斯顿·马丁 DBS 超级轻量版 ... 216	雷克萨斯 LFA 251

第 4 章 经典运动休旅车 253

劳斯莱斯库里南 254	保时捷玛卡 276
宾利添越 256	梅赛德斯—奔驰 GLC 级 278
兰博基尼野牛 258	梅赛德斯—奔驰 GLE 级 280
阿斯顿·马丁 DBX 260	梅赛德斯—奔驰 GLS 级 282
玛莎拉蒂莱万特 262	梅赛德斯—奔驰 G 级 284
路虎发现 264	宝马 X4 286
路虎揽胜 266	宝马 X5 287
路虎卫士 268	宝马 X6 289
吉普牧马人 270	宝马 X7 291
吉普大切诺基 272	奥迪 Q5 293
保时捷卡宴 274	奥迪 Q7 295

奥迪 Q8 297	GMC 育空 319
大众途锐 299	阿尔法·罗密欧斯泰尔维奥 321
捷豹 F—Pace 301	丰田兰德酷路泽 323
捷豹 I—Pace 303	丰田普拉多 325
沃尔沃 XC60 305	雷克萨斯 RX 327
沃尔沃 XC90 307	雷克萨斯 LX 329
凯迪拉克凯雷德 309	英菲尼迪 QX60 331
凯迪拉克 XT6 311	英菲尼迪 QX80 333
福特探险者 313	讴歌 MDX 335
林肯飞行家 315	日产途乐 337
林肯领航员 317	

第 5 章 | 经典皮卡　　339

福特 F—150 猛禽 340	丰田坦途 358
福特游骑兵 342	丰田海拉克斯 360
雪佛兰 SSR 344	丰田塔科马 362
雪佛兰索罗德 346	马自达 BT—50 364
雪佛兰科罗拉多 348	五十铃 D—Max 366
GMC 西塞拉 350	日产泰坦 368
道奇公羊 352	日产纳瓦拉 370
梅赛德斯—奔驰 X 级 354	雷诺阿拉斯加 372
大众阿玛洛克 356	霍顿 Ute 373

第 6 章 | 经典房车　　375

马奇 EleMMent Palazzo 376	埃克申地球巡洋舰 7500 383
德特乐福斯环球旅行者	埃克申全球 XRS 7200 384
XLI 7850—2 DBM 378	沃尔克纳 Performa nce S 386
莱伊卡雷索林 9009 380	美国客车鹰 45A 388
埃克申沙漠挑战者 382	

参考文献 390

第 1 章

简述汽车

汽车（英式英语：car；美式英语：automobile），即本身具有动力得以驱动，无须依赖轨道或电缆行驶的车辆。广义来说，具有两轮或以上以原动机行驶的车辆，便可称为汽车；狭义来说，仅指四轮以上以原动机行驶的车辆（也就是生活中所说的汽车）。

汽车的发展历史

横空出世

1712年,英国人托马斯·纽科门发明了不依靠人和动物来做功而是靠转换能量来做功的蒸汽机,被称为纽科门蒸汽机。1757年,木匠出身的技工詹姆斯·瓦特被英国格拉斯戈大学聘为实验室技师,有机会接触纽科门蒸汽机,并对纽科门蒸汽机产生了兴趣。1769年,瓦特与马修·博尔顿合作,发明了装有冷凝器的蒸汽机。1774年11月,他俩又合作制造了真正意义的蒸汽机。蒸汽机推动了机械工业甚至人类社会的发展,并为汽轮机和内燃机的发展奠定了基础。

1769年,法国陆军工程师尼古拉·约瑟夫·居纽制造出世界上第一辆蒸汽驱动的三轮汽车。该车试车时由于转向系统失灵,撞到般圣奴兵工厂的墙壁上而粉身碎骨,这也是世界上第一起机动车事故。1771年,居纽制造出第二部车,但没有真正行驶过,现置于法国巴黎国家艺术馆展出。尽管居纽的这项发明失败了,但其发明却是古代交通运输(以人、畜或帆为动力)与近代交通运输(动力机械驱动)的分水岭,具有划时代的意义。

1794年,英国人斯垂特首次提出把燃料和空气混合制成混合气体以供燃烧的构想。1796年,意大利科学家沃尔兹发明了世界上第一台蓄电池,这项发明为汽车的诞生和发展带来了历史性的转折。1801年,法国人菲利普·勒朋提出煤气机原理。1803年,英国工程师理查·特里维西克采用新型高压蒸汽机车头,可乘坐8人,在行驶中平均时速13公里,从此,用蒸汽机驱动的汽车开始在实际中应用。1838年,英国发明家亨纳特发明了世界上第一台内燃机点火装置,该项发明被世人称为"世界汽车发展史上的一场革命"。

1842年,美国人查理·固特异发明了硫化橡胶轮胎。1859年,法国物理学家普兰特发明了铅蓄电池,为汽车的用电创造了条件,被称为"意义深远的发明"。1860年,法国电器工程师艾蒂安·雷诺制成了第一部用电火花点燃煤气的煤气机。1862年,雷诺发明以天然气为原料的二冲程卧式内燃机。同年,法国工程师罗沙士发表了四冲程理论。1867年,德国工程师尼考罗斯·奥托研制出世界上第一台往复活塞式四冲程煤气发动机。1876年,奥托制成了单缸卧式、压缩比为2.5的3千瓦内燃机。

1885年,这是真正的现代汽车诞生的时刻。这一年德国工程师卡尔·本茨在曼海姆制造出一辆装有汽油机的三轮车。这辆装有内燃动力机的汽车被认为是世界上第一辆汽车,因为它是真正以汽油为动力源的第一辆汽车,而不是蒸汽机。同年,德国工程师戈特利布·戴姆勒制成了世界上第一辆四轮汽车。

卡尔·本茨设计的三轮汽车

1886年1月29日，本茨向德国专利局申请汽车发明的专利，同年11月2日专利局正式批准发布。因此，1886年1月29日被认为是世界汽车的诞生日，本茨的专利证书也成为世界上第一张汽车专利证书。本茨和戴姆勒是大多数人们认为的以内燃机为动力的现代汽车的发明者，他们的发明创造，成为汽车发展史上的里程碑，他们两人因此被世人尊称为"汽车之父"。

蓬勃发展

1887年，法国庞哈德·莱瓦索马车制造公司获得戴姆勒高速汽油机在法国生产的专利权。按买主要求，依靠技巧娴熟的工匠用手工在装配大厅配制每辆各不相同的轿车。1888年，法国自行车商人埃米尔·罗杰获得本茨的许可，也开始生产商用汽车。当时的法国巴黎道路宽阔，且有奢华风尚，带动了汽车需求。

1893年，鲁道夫·狄塞尔制成了一台柴油四冲程发动机，即世界上首台柴油机。空气在压缩行程中被活塞剧烈压缩而产生高温，之后燃料被喷入气缸，随即发生自燃。1895年，本茨推出了第一款客车，首次提供载客服务。1899年，路易·雷诺量产其第一台四门汽车，同年取得涡轮增压的专利。

1900年前，继德国、法国之后，美国、英国和意大利出现了多间这种作坊式汽车生产公司，截至1900年欧美共生产汽车9504辆。当时的汽车仍然用手工业方式制造，虽然已经由标准化的部件生产量产车，但实际上汽车的产量仍然很低。汽车实际上被定位为高端的奢侈品，但当时的所谓奢侈并不算很豪华，只有富裕人士才买得起供个人或家庭用的轿车。

20世纪初，美国工程师亨利·福特试图研制一种可以大量生产并低价出售的汽车，经六次创业失败后，福特汽车公司终于在1908年成功把福特T型车放到装配线上生产，从而降低了成本，又以分期付款的方式进一步降低购买门槛，而且福特T型车的品质甚至优于当时一些手工制造的高价汽车，因为它可以在坑洼不平的道路上行驶而较少发生故障或意外。

大批量流水生产的成功，不仅使福特T型车成为有史以来最普遍的车型，而且使家庭轿车的构想变为现实。福特发明的流水线生产方式的成功，不仅大幅度地降低了汽车生产成本、扩大了汽车生产规模、创造了一个庞大的汽车工业，而且使当时世界上的大部分汽车生产从欧洲转移到了美国。

1925年，福特T型车

1914年第一次世界大战爆发，先是出现装甲车用于作战，又动员民用汽车运送兵员和补给品，连巴黎的出租车都加入了运送兵员的行列。战争使各国参谋部领悟到汽车对实现军队机动化是不可或缺的，战争推进了汽车工业的发展，尤其是载货汽车工业发展，使汽车类型逐渐完善，趋于多样化，同时各种汽车新技术也层出不穷。

20世纪20年代，美国杜森伯格、皮尔斯—箭、帕卡德、林肯、施图兹和凯迪拉克等公司按顾客意愿设计车身，服务于经济富裕的买主；欧洲豪华型轿车制造公司竞相设计豪华车型，供富人享用，如劳斯莱斯、宾利、苏依莎、佛雷曲尼、布加迪、阿尔法·罗密欧等公司，还有专为赛车手推出的车型。

1922年，美国哈得逊公司率先出售封闭式厢形轿车，这种厢型封闭式车身很受欢迎，1923年在美国市场占有率超过传统的敞篷式轿车，到1929年在美国市场占有率高达90%。随着汽车车身结构的演变，在汽车使用材料方面主要开发出薄钢板轧制新技术。后来开发的平板玻璃连续处理技术，让汽车用上了安全玻璃。此外，汽车涂装的快速干燥技术，以及汽车燃油炼制方面开发出高辛烷值汽油炼制工艺，为提高发动机设计水平提供了有力支撑。

在汽车结构方面的技术创新还有1920年杜森伯格公司在四个车轮上全部采用液压制动器。在此之前，仅后轮装制动器便可满足当时稀疏交通和低速行车的需要。随着车速提高，四轮液压制动技术逐步普及，直到20世纪30年代才全部取代拉索连杆式后两轮制动方式。1927年帕卡德公司开始在后驱动桥主传动轴采用双曲线伞齿轮，使传动轴、地板和车身高度降低，整车重心下降，提高了在美国大部分已是铺装道路上高速行车的稳定性。低压轮胎取代了早期汽车使用的多种硬质高压胎。除性能要求最简单的车辆，所有汽车都具备了风雨防护结构。

第二次世界大战迫使汽车工业转入战时体制，民用轿车生产基本停止，汽车工厂主要生产军用车辆和武器装备。战争期间，汽车技术进步主要体现在发动机、燃料、润滑油方面，也促进了合成橡胶产业的发展。

快速进步

第二次世界大战后，汽车无论是在外形、性能还是颜色上，发展变化都很快，汽车外形演变的每一个时期都在不断地开拓着汽车新的造型，除了使汽车性能得以提升，同时也促使汽车美学得到快速发展。

汽车产品的多样化时期从20世纪50年代开始至20世纪70年代，而1973年则是世界汽车工业发展的黄金时段。20世纪50年代，美国汽车业界已形成通用、福特、克莱斯勒三大公司三足鼎立的格局，并且以压倒性的优势雄踞世界汽车市场。同时期的欧洲厂商也开始实行量产化，另外，欧洲厂商具有卓越的产品设计能力，从而生产出各式各样的跑车，转而销往美国，从此形成欧美两霸并存的格局。

与欧美相比，日本的石油完全依赖进口，故主要发展省油的小型车和柴油商用车。日本引进欧美先进产品和制造技术，借鉴美国管理技术并结合本国实际情况，推行全面质量管理，整合零部件和材料供应商形成系列化协作配套体系，推行大量生产和装备持续现代化。1963年丰田汽车公司全面推行把工件号、数量、时间、工程和用途等指令计入看板，实现了精益生产方式，这是组织汽车生产的又一重要技术进步。日本政府和企业共同推进产品出口，参加世界汽车拉力赛促进了汽车制造技术水平和国际竞争力的提高，1973年日本出口汽车达到200万辆，其中轿车145万辆。

1957年，保时捷356跑车

　　1973年、1979年世界出现两次石油危机，汽车需求量锐减，小型省油车市场看好，对世界汽车工业的发展和汽车工业格局影响很大。这一影响历经十年，1984年之后汽车市场才步入新一轮增长期。由于20世纪70年代石油危机，日本车商以省油耐用的低价格小型车赢得当时消费者的青睐，至此，世界汽车形成了美、日、欧并存的格局。

　　日本生产的小型车耐用、便宜、性价比高，符合国际排放、安全标准，尤其是其省油的特点，受到国际市场欢迎，1980年汽车出口近600万辆，汽车产量达1100万辆，首次超过美国居世界第1位，并保持到1993年，1994年被美国超过。

　　石油危机极大地促进了汽车节能技术的发展，尤其是优化排放两利技术的发展。诸如发展小型车，减轻汽车自重，提高汽车传动效率，无内胎钢丝子午线轮胎普及化并改善轮胎花纹，降低汽车风阻；发动机的稀薄燃烧和电子控制配气、供油与点火以及增压技术，热效率比汽油机高的柴油机成为商用车的主体动力之外，柴油轿车的比例日益提高；使用压缩天然气、液化石油气、掺烧甲醇、乙醇、植物油等代用燃料；开发了电动、混合动力和燃料电池等新能源汽车。

20世纪80年代，汽车工业逐渐步入电子化、智能化时代，新兴的电子技术取代了汽车原来单纯的机电液操纵控制系统以适应对汽车安全、排放、节能日益严格的要求。最初有电子控制的燃油喷射、点火、排放、防抱死制动、驱动力防滑、灯光、故障诊断及报警系统等。

20世纪90年代以后，陆续出现了智能化的发动机控制、自动变速、动力转向、电子稳定程序、主动悬架、座椅位置、空调、刮水器、安全带、安全气囊、防碰撞、防盗、巡航行驶、全球卫星定位等日趋先进的智能化自动控制系统。还有车载音频、视频数字多媒体娱乐系统、无线网络和智能交通等车辆辅助信息系统。

21世纪以来，人工智能和环保成为汽车工业的发展方向。2001年，首款混合动力电动车丰田普锐斯开始面向国际市场出售。2009年，首款纯电动车三菱i-MiEV量产。2012年，无人驾驶汽车进行路面实际试验。2013年，美国部分州通过自动驾驶汽车行驶法例。2017年，英国、法国、德国、挪威四国宣告在限期于2040年后，禁止出售使用汽油和柴油的轿车。

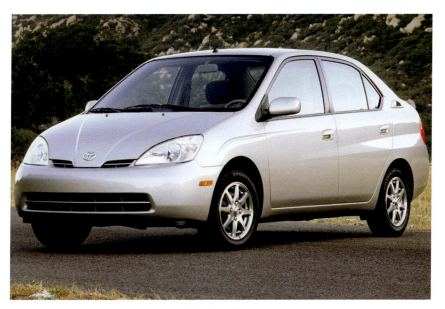

早期的丰田普锐斯

汽车的主要分类

汽车的分类方式并无定论,若依用途区分,一般可分为客车、货车、客货两用车(或称厢形车)及特种车。其中特种车种类繁多,包括警察车、消防车、救护车、工程车、吊车、礼车、教练车、残障用特制车、洒水车、邮车、垃圾车、清扫车、水肥车、囚车及灵车等。按照所用燃料,一般可分为汽油车、柴油车、电动车、氢气车、油电混合车及瓦斯车等。按照功能性,一般可分为轿车、跑车、运动休旅车、房车等。按照车型布置,一般可分为四门五座、五门掀背、双门双座、双门五座软顶等。

在民用汽车市场中,轿车是各国消费者都广泛使用的一种车型。对于轿车的分类,各个国家的分类原则也不相同。中国将轿车分为微型轿车(排量为1升以下)、普通型轿车(排量在1.0～1.6升)、中级轿车(排量在1.6～2.5升)、中高级轿车(排量在2.5～4.0升)、高级轿车(排量在4升以上)。

德国大众汽车公司是欧洲最大的汽车制造商,也是最早进入中国轿车市场的企业,无疑它的轿车分类方法具有代表性。德国轿车可分为A、B、C、D四级,其中A级车又可分为A00、A0级车,相当于中国分类标准中的微型轿车和普通型轿车;B级和C级分别相当于中国分类标准中的中级轿车和中高级轿车;D级相当于中国分类标准中的高级轿车。各级别车的轴距越长、排量和重量越大,轿车的豪华程度也更高。

属于D级车的德国奥迪A8轿车

至于美国的分类标准，可从通用汽车公司的分类中略见一斑。通用汽车公司一般将轿车分为 6 级，它是综合考虑了车型尺寸、排量、装备和售价之后得出的分类。它的 Mini 级别相当于中国分类标准中的微型轿车；中国分类标准中的普通型轿车在通用分类中可找到两个对应的级别，即 Small 级别和 Low-med 级别；中级轿车对应 Interm 级别；中高级轿车对应 Upp-med 级别；高级轿车对应 Large/Lux 级别。

属于 Interm 级别的美国凯迪拉克 CTS 轿车

汽车的基本结构

1. 底盘

底盘的作用是支撑、安装汽车发动机及其各部件的总成，形成汽车的整体造型，并受发动机的动力驱使，使汽车产生运动，保证正常行驶。底盘由传动系统、行驶系统、转向系统、悬挂系统和制动系统五部分组成。

1.1 传动系统

汽车发动机所产生的动力靠传动系统传递并驱动车轮。传动系统具有减速、变速、倒车、中断动力、轮间差速和轴间差速等功能，与发动机配合工作，能保证汽车在各种工况条件下的正常行驶,并具有良好的动力性和经济性。其主要是由离合器、变速器、万向节、传动轴和驱动桥等组成。其中,离合器的作用是使发动机的动力与传动装置平稳地接合或暂时地分离,以便于驾驶员进行汽车的起步、停车和换挡等操作;变速器用于实现变矩、变速、空挡和倒挡,扩展汽车工作范围,并使汽车拥有较好的动力性和经济性。

1.2 行驶系统

行驶系统是汽车各总成及部件安装在适当位置,并对全车起支承作用,以保证汽车正常行驶的系统。它由车架、车桥、悬架和车轮等部分组成。行驶系统的功用是将传动系统传来的动力通过车轮转化为汽车的驱动力;承受和传递路面作用于车轮上的各种力和力矩,并吸收震动,缓和冲击;与转向系统配合实现汽车行驶的正确控制;支承全车重量。

1.3 转向系统

汽车上用来改变或恢复其行驶方向的专设机构称为汽车转向系统。转向系统基本由转向器、转向操纵机构、转向传动机构组成。

1.4 悬挂系统

悬挂系统是汽车的车架与车桥或车轮之间一切传力连接装置的总称,其作用是传递作用在车轮和车架之间的力和力扭,并且缓冲由不平路面传给车架或车身的冲击力,并衰减由此引起的震动,以保证汽车能平稳地行驶。典型的悬挂系统结构由弹性元件、导向机构以及减震器等组成,个别结构则还有缓冲块、横向稳定杆等。弹性元件又有钢板弹簧、空气弹簧、螺旋汽车悬挂弹簧以及扭杆弹簧等形式。

1.5 制动系统

汽车上用以使外界(主要是路面)在汽车某些部分(主要是车轮)施加一定的力,从而对其进行一定程度强制制动的一系列专门装置统称为制动系统。其作用是使行驶中的汽车按照驾驶员的要求进行强制减速甚至停车;使已停驶的汽车在各种道路条件下(包括在坡道上)稳定驻车;使下坡行驶的汽车速度保持稳定。

制动系统一般由制动操纵机构和制动器两个主要部分组成。制动操纵机构产生制动动作、控制制动效果并将制动能量传输到制动器的各个部件以及制动轮缸和制动管路。制动器是产生阻碍车辆运动或运动趋势的力(制动力)的部件。汽车发展史上常用的制动器都是利用固定元件与旋转元件工作表面的摩擦而产生制动力矩，称为摩擦制动器。它有鼓式制动器和盘式制动器两种结构形式。

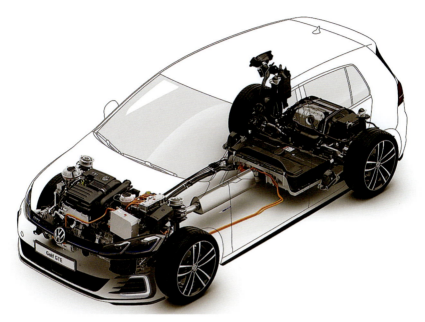

德国大众高尔夫GTE混合动力车的底盘

2. 车身

车身安装在底盘的车架上，用以驾驶员、旅客乘坐或装载货物。乘用车、客车的车身一般是整体结构，货车车身一般由驾驶室和货箱两部分组成。

汽车车身结构主要包括车身壳体、车门、车窗、车前钣制件、车身内外装饰件和车身附件、座椅，以及通风、暖气、冷气、空气调节装置等。在货车和专用汽车上还包括车厢和其他装备。

2.1 车身壳体

车身壳体是一切车身部件的安装基础，通常是指纵梁、横梁和支柱等主要承力元件以及与它们相连接的钣件共同组成的刚性空间结构。客车车身多数具有明显的骨架，而轿车车身和货车驾驶室则没有明显的骨架。车身壳体通常还包括在其上敷设的隔音、隔热、防振、防腐、密封材料及涂层等。

2.2 车门

车门通过铰链安装在车身壳体上,其结构较复杂,是保证车身使用性能的重要部件。这些钣制制件形成了容纳发动机、车轮等部件的空间。

2.3 车身外部装饰件

车身外部装饰件主要是指装饰条、车轮装饰罩、标志和浮雕式文字等。散热器面罩、保险杠、灯具以及后视镜等附件也有明显的装饰性。

2.4 车内部装饰件

车内部装饰件包括仪表板、顶篷、侧壁、座椅等表面覆饰物,以及窗帘和地毯。在轿车上广泛采用天然纤维或合成纤维的纺织品、人造革或多层复合材料、连皮泡沫塑料等表面覆饰材料;在客车上则大量采用纤维板、纸板、工程塑料板、铝板、花纹橡胶板以及复合装饰板等覆饰材料。

2.5 车身附件

车身附件包括门锁、门铰链、玻璃升降器、各种密封件、风窗刮水器、风窗洗涤器、遮阳板、后视镜、拉手、点烟器和烟灰盒等。在现代汽车上常常装有收音机和杆式天线,在某些汽车车身上还装有无线电话机、电视机或加热食品的微波炉及小型电冰箱等附属设备。

2.6 车身内部的通风、暖气、冷气以及空气调节装置

这是维持车内正常环境、保证驾驶员和乘客安全舒适的重要装置。

2.7 座椅

座椅是车身内部的重要装置。座椅由骨架、坐垫、靠背和调节装置等组成。座垫和靠背应具有一定的弹性。调节装置可使座位前后或上下移动以及调节座垫和靠背的倾斜角度。某些座椅还有弹性悬架和减振器,可对其弹性悬架加以调节以便在不同驾驶员不同的体重作用下仍能保证座垫离地板的高度适当。在某些货车驾驶室和客车车厢中还设置有适应夜间长途行车需要的卧铺。

2.8 其他

为保证行车安全,在现代汽车上广泛采用对乘员施加约束的安全带、头枕、气囊以及汽车碰撞时防止乘员受伤的各种缓冲和包垫装置。按照运载货物的不同种类,

货车车厢的种类包括普通栏板式结构、平台式结构、倾卸式结构、闭式车厢、气、液罐以及运输散粒货物（谷物、粉状物等）所采用的气力吹卸专用容罐或者适用于公路、铁路、水路、航空联运和国际联运的各种标准规格的集装箱。

3. 发动机

发动机是汽车的动力装置，由两大机构和五大系统组成，包括曲柄连杆机构、配气机构、冷却系统、燃料供给系统、润滑系统、点火系统、启动系统等，但是柴油发动机比汽油发动机少一个点火系统。

3.1 冷却系统

冷却系统一般由水箱、水泵、散热器、风扇、节温器、水温表和放水开关等组成。汽车发动机采用两种冷却方式，即空气冷却和水冷却。一般汽车发动机多采用水冷却。

3.2 润滑系统

润滑系统由机油泵、集滤器、机油滤清器、油道、限压阀、机油表、感压塞及油尺等组成。

3.3 燃料供给系统

汽油发动机燃料供给系统包括汽油箱、汽油表、汽油管、汽油滤清器、汽油泵、化油器、空气滤清器等；柴油发动机燃料系统包括喷油泵、喷油器和调速器等主要部件及柴油箱、输油泵、油水分离器、柴油滤清器、喷油提前器，以及高、低压油管等辅助装置。

3.4 启动系统

启动系统包括起动机、蓄电池等。

3.5 点火系统

点火系统包括火花塞、高压线、高压线圈、分电器、点火开关等。

3.6 曲柄连杆机构

曲柄连杆机构包括连杆、曲轴、轴瓦、飞轮、活塞、活塞环、活塞销、曲轴油封等。

3.7 配气机构

配气机构包括汽缸盖、气门室盖罩凸轮轴、气门进气歧管、排气歧管、空气过滤器、消音器、三元催化增压器等。

梅赛德斯——奔驰M270发动机

4. 轮胎

　　轮胎是汽车的重要部件之一，它直接与路面接触，和汽车悬架共同来缓和汽车行驶时所受到的冲击，保证汽车有良好的乘坐舒适性和行驶平稳性；保证车轮和路面有良好的附着性，提高汽车的牵引性、制动性和通过性；承受着汽车的重量，轮胎在汽车上所起的作用越来越受人们的重视。

第 2 章

经典轿车

轿车,通常指用于人员以及行李运输的汽车。轿车除乘客厢外,外观上可见明显长度的车头与车尾,因此可从外形上清晰分辨出发动机舱、乘客厢以及行李舱。轿车的外形类似古代的轿子,故名为"轿车"。

劳斯莱斯银魅

劳斯莱斯银魅（Rolls-Royce Silver Ghost）是英国劳斯莱斯汽车公司设计和制造的轿车，在1906—1926年期间生产，总产量为7874辆。

研发历史

劳斯莱斯银魅最初叫作40/50 HP，1906年开始量产，由劳斯莱斯位于英国曼彻斯特的工厂负责。1907年，劳斯莱斯商业总监克劳德·约翰逊要求生产一辆车用于公司展示。这辆车的底盘编号为60551，注册号为AX201。这是40/50 HP车系的第十二辆车，并且以铝镀银配件装饰，因此被称为"银魅"，以强

基本参数（后期）	
长度	4877毫米
宽度	1715毫米
高度	2250毫米
轴距	3823毫米
整备质量	1540千克

调其如鬼魅一般的安静。这就是40/50 HP被称为"银魅"的来历，不过厂方没有承认这个名称。1908年，银魅转移到英国德比郡进行生产。1921年到1926年，劳斯莱斯还在美国马萨诸塞州斯普林菲尔德的工厂生产银魅。1925年第一代幻影投产后，厂方正式将40/50 HP车系称为"银魅"。

性能特点

1907年，注册号为AX201的银魅在苏格兰参加可靠性测试。这场测试长度为15000英里（24000公里），其中包括在伦敦和格拉斯哥之间的27次往返。测试的目的就是提升企业的公众形象，并且显示其车型的高性能和安静性。这是一个非常冒险的想法，因为在当时，汽车是众所周知的不可靠运输工具，并且当时的道路环境非常恶劣。然而，AX201还是踏上了试验旅程，并且搭乘记者参与测试，最终完成测试任务，打破纪录。更重要的是，汽车的保养费用仅为每周2.2英镑，通过此次测试，银魅和斯莱斯的声誉一举奠定。正是因为银魅，劳斯莱斯被称为世界上最好的汽车——这并不是劳斯莱斯自己的口号，而是1907年《汽车》杂志的说法。

劳斯莱斯银魂

劳斯莱斯银魂（Rolls-Royce Silver Wraith）是英国劳斯莱斯汽车公司设计和制造的四门轿车，在 1946—1958 年期间生产，总产量为 1883 辆。

基本参数	
长度	5300 毫米
宽度	1820 毫米
高度	1520 毫米
轴距	3225.8 毫米
整备质量	2230 千克

研发历史

银魂是二战后劳斯莱斯公司生产的第一款轿车，生产基地位于英格兰西北部小镇克鲁。第一种版本搭载 4.5 升直列六缸发动机，与宾利 MK 6 共用手动变速箱和机械伺服辅助制动系统。1951 年，修改后的银魂搭载了 4.6 升发动机，车身开始演变为更现代的风格，一直生产到 1953 年。此外，劳斯莱斯公司还推出了轴距加长的银魂元首版（Silver Wraith LWB），一直生产到 1958 年。

性能特点

银魂采用的新技术包括发动机缸壁镀铬、独立前悬挂、配有同步器的手动变速箱（四速）以及底盘集中润滑系统。它的底盘轴距为 3225.8 毫米，与二战前的设计有很大不同，刚性更高。从 1952 年开始，银魂可以选装四速自动变速箱。

劳斯莱斯银灵

劳斯莱斯银灵（Rolls-Royce Silver Spirit）是英国劳斯莱斯汽车公司设计和制造的前置后驱四门轿车，在1980—1999年期间生产，设计师为弗里茨·费勒。

基本参数（Mark III）	
长度	5628 毫米
宽度	1887 毫米
高度	1486 毫米
轴距	3061 毫米
整备质量	2320 千克

研发历史

银灵于1980年问世，先后推出了Mark I（1980—1989年）、Mark II（1989—1993年）、Mark III（1993—1996年）、Mark IV（1995—1999年）四代车型。劳斯莱斯公司同时还推出了银灵的加长轴距版，称为银刺（Silver Spur）。银灵全系列的总产量约19 000辆。

性能特点

银灵首次应用的科技包括车头可以伸缩的"欢庆女神"（Spirit of Ecstasy）雕像。这个小天使由弹簧驱动，可以在不需要的时候收起，沉入下面发动机舱前部的散热器内。Mark I采用6.75升L410 V8发动机，底盘配备能自动保持车身水平的悬吊系统与气压式避震器。Mark II采用电子控制避震器，能随时调整避震的软硬度，1991年该款使用美国通用汽车公司的GM 4L80E四速自排变速箱。

Mark III有新设计的发动机进气歧管与汽缸头，配备双安全气囊，自动调整避震装置的耐用性也经过改善。1994—1995年的"飞驰"（Flying Spur）版采用涡轮增压发动机，并配备循迹控制系统以电子系统控制轮胎的抓地力。Mark IV车头水箱护罩的高度降低了5.1厘米，欢庆女神雕像尺寸缩小20%，车头车尾保险杆和后视镜采用更合乎空气力学的新设计。发动机有全新的发动机电脑管理程式，同时配备有涡轮增压器。

劳斯莱斯银天使

劳斯莱斯银天使(Rolls-Royce Silver Seraph)是英国劳斯莱斯汽车公司设计和制造的四门轿车,在1998—2002年期间生产,设计师为史蒂夫·哈珀。

基本参数	
长度	5390毫米
宽度	1930毫米
高度	1514毫米
轴距	3117毫米
整备质量	2300千克

研发历史

银天使于1995年开始设计,1998年3月3日在日内瓦国际车展上市,此时距离劳斯莱斯上一款车型银灵的推出已经过了整整18年。银天使上市时的官方指导价为30万英镑。2001年5月,银天使成为第一款在中国大陆地区上市的劳斯莱斯轿车。

性能特点

银天使是劳斯莱斯最近的一款纯英式风格的高级轿车,它率先在高级轿车领域使用了空气滤清系统、双桥减震器和碳纤维吸声系统,使银天使在乘驾方面更优于前代。顶级的空气滤清系统能保持车内永远都弥漫着木材和皮革的特殊香味,不会带进汽油的刺鼻味和乘客的体味。双桥减震器和碳纤维吸声系统,能减少85%的噪音和振动。

银天使采用5.4升V12发动机,搭配ZF 5HP30五速自动变速箱,0~100公里/时加速时间只需7秒,最高车速可达223公里/时。内饰方面,大块的真皮、光亮的镀铬开关、精细的裁缝手艺和考究的木工制品,营造出劳斯莱斯特有的氛围。

劳斯莱斯古斯特

劳斯莱斯古斯特（Rolls-Royce Ghost）是英国劳斯莱斯汽车公司设计和制造的前置后驱四门轿车，2009年开始生产，设计师为安德里亚斯·图尔纳和查尔斯·科德哈姆，上市时标准版的官方指导价为419万元人民币。

基本参数	
长度	5399 毫米
宽度	1948 毫米
高度	1550 毫米
轴距	3295 毫米
整备质量	2490 千克

外观内饰

与幻影相比，古思特的设计更偏向于休闲风格。中网尺寸缩小不少，格栅叶片是固定的，由于采用了金属材质，所以视觉效果奢华，质感也非常突出。内装非常简洁，控制键的数量大幅减少，重要的功能键表面都采用镀铬装饰。该车采用经典、独特的对开门设计方式，具有浓厚的复古气息。后车门的最大开角将近90°，这样的设计是为了让乘客能更加优雅、方便地上下车。为了满足一些希望后座空间更加宽敞的消费者的需求，劳斯莱斯也推出了古斯特的加长版（轴距为3465毫米），可为后座乘客提供更大的放腿空间。

性能特点

古斯特搭载6.6升N74B66 V12双涡轮增压发动机，匹配ZF 8HP90八速自动变速箱，最高车速达250公里/时，当时是劳斯莱斯历史上速度最快的量产车。尽管定位低于幻影,但是古斯特的动力却占了上风。古斯特四轮都采用了先进的空气悬挂方式,并且均为铝合金多连杆几何设计,减轻重量的同时又增加了强度。

劳斯莱斯古斯特外观

劳斯莱斯古斯特内饰

劳斯莱斯魅影

劳斯莱斯魅影（Rolls-Royce Wraith）是英国劳斯莱斯汽车公司设计和制造的双门轿跑车，2013年开始生产，设计师为贾尔斯·泰勒。2020年，魅影标准版的官方指导价为505万元人民币。

基本参数	
长度	5268毫米
宽度	1948毫米
高度	1505毫米
轴距	3112毫米
整备质量	2440千克

外观内饰

魅影是基于古斯特打造的双门轿跑车，车身更短，是目前劳斯劳斯推出的最偏向运动风格的车型。外观方面，作为古思特的轿跑版，魅影的前脸采用与古思特相同的设计方式，仅在细节方面有一些改动。车尾处增加的镀铬排气口和轿跑式的车尾线条则使魅影更增添了运动感。此外，尾厢盖的装饰条变得更窄，侧面的轮眉也更宽更突出，整体感觉更加偏向于运动风格，也更符合轿跑车的身份。车身侧面线条设计极为复古和动感，溜背造型十分流畅，也一改劳斯劳斯庄重的风格。不过车顶曲线如此设计，后排空间会受到一定影响。

魅影的前排座椅两侧凸起较大，真皮包裹的座椅填充柔软，除了侧向支撑功能外，座椅均可8向电动调节位置，调节钮上也有镀铬装饰，凸显出一种精致感。

性能特点

魅影搭载一台6.6T V12双涡轮增压发动机，最大输出功率为420千瓦（563马力），峰值扭矩为780牛·米，与之匹配的是八速自动变速箱。它的设计与动力迎合了越来越趋年轻的富豪消费群体,出众的表现也让它成为车迷们的心头挚爱。魅影采用了众多创新元素,例如红外线夜视摄像头配合预防碰撞系统,危机情况下能自动刹车。

劳斯莱斯魅影外观

劳斯莱斯魅影内饰

劳斯莱斯幻影 VIII

劳斯莱斯幻影 VIII（Rolls-Royce Phantom VIII）是英国劳斯莱斯汽车公司设计和制造的前置后驱四门轿车，是幻影系列的第八代车型，2017 年开始生产，设计师为贾尔斯·泰勒、帕夫莱·特里纳和克里斯·迪夫，标准版的官方指导价为 790 万元人民币。

基本参数（标准版）	
长度	5762 毫米
宽度	2018 毫米
高度	1646 毫米
轴距	3552 毫米
整备质量	2560 千克

外观内饰

幻影 VIII 首次采用了铝质车身架构，在车重更轻的前提下，车身刚性较上一代增强了 30%。外观部分，巨大的进气格栅比上一代更高，"欢庆女神"的位置也随之高出约 12 毫米。车身侧面线条更加简洁流畅，同时后风挡比历代幻影倾斜度更大。内饰部分，幻影 VIII 的"艺境藏珍"画廊以现代奢华风格重新诠释了汽车仪表台设计。"艺境藏珍"画廊是一块高级定制的艺术区域，所有元素由一整块钢化玻璃密封并延伸整个仪表区。

性能特点

劳斯莱斯的工程师专为幻影 VIII 设计了全新的 6.75 升 V12 双涡轮增压发动机，在保证 900 牛·米的惊人峰值扭矩和 1700 转/分超低转数的同时，最大功率可达 436 千瓦（585 马力）。这意味着发动机在低转速下有更高的输出动力，从而带来更安静的驾乘体验。另外，该车采用了卫星辅助传动系统搭配 ZF 八速自动变速箱，同时搭配四轮转向系统和新一代自适应空气减振器，提供舒适的驾乘感受。

劳斯莱斯幻影 VIII 外观

劳斯莱斯幻影 VIII 内饰

宾利雅致

宾利雅致（Bentley Arnage）是英国宾利汽车公司设计和制造的前置后驱四门轿车，在 1998—2009 年期间生产。到 2009 年停产时，2009 年款雅致的官方指导价为 548 万元人民币。

基本参数	
长度	5394 毫米
宽度	1932 毫米
高度	1516 毫米
轴距	3116 毫米
整备质量	2320 千克

外观内饰

雅致系列有雅致、雅致 T、雅致 R、雅致 RL 和雅致终极版（雅致系列最后一款限量型）等车型，可以满足不同消费者的需求。雅致系列沿袭了宾利汽车最经典的外观设计方式，车内配置更是豪华气派与高科技兼顾。宾利和客户的互动服务和超凡的设计能力是其他制造商无法比拟的。雅致系列是由工程师组成团队按客户特殊要求而量身定做的，客户还可以选择参与最早期的设计。从防弹外壳到最先进的信息、娱乐和通信系统，雅致系列都考虑得十分周到，各种先进的现代办公设备都可以找到自己合适的位置。

性能特点

雅致系列将宾利的造车宗旨体现得淋漓尽致：精湛的工艺、卓越的性能、豪迈的驾乘感觉，是一款名副其实的高性能豪华轿车。自投产以来，雅致系列先后使用了三种发动机，即 4.4 升 V8 双涡轮增压发动机（1998—2000 年）、6.75 升 V8 双涡轮增压发动机（1999—2006 年）、6.8 升 V8 双涡轮增压发动机（2007—2009 年）。

雅致 T 曾是动力最强的宾利轿车，其速度在同时代的四门轿车中名列前茅。雅致 R 更注重车身刚性，进行了多方面的机械改良，并进一步改善了操控性，包括加置后防倾杆，前防倾杆也加厚，令转弯时抗倾能力更强。雅致 RL 则是雅致系列的豪华版，它以雅致 R 为基础，轴距增加了 250 毫米，为车内乘客提供了更豪华和舒适的环境。

2009 年款雅致外观

雅致终极版内饰

宾利欧陆 GT

宾利欧陆 GT（Bentley Continental GT）是英国宾利汽车公司设计和制造的前置四驱双门轿跑车，2003 年开始生产，到 2020 年已经发展到第三代，官方指导价为 328.1 万元人民币。

基本参数（第三代）	
长度	4850 毫米
宽度	1954 毫米
高度	1405 毫米
轴距	2851 毫米
整备质量	2244 千克

外观内饰

欧陆 GT 极致版彰显宾利鲜明的设计风格：霸气的车头、网状的电镀格栅、四个圆形车灯、大轮毂和强悍的车轮拱板，这些都象征着活力与激情。该车的车厢非常舒适和宽敞，能让四个人同时享受豪华宽敞的空间。无 B 柱式设计使玻璃窗从车头一直延伸到车尾，整个车厢显得光线充足。内凹型设计的前座椅背让后座的乘客能舒服地搁脚。值得一提的是，欧陆 GT 的仪表盘面板上镶有一款别致的小钟。这是由以精确著称于世的瑞士独立制表品牌百年灵特别为欧陆 GT 设计的。

性能特点

欧陆 GT 第一代作为入驻大众之后的代表作，设计内敛饱满，动力上与奥迪 A8 和辉腾的旗舰动力保持一致，都采用大众集团的 6 升 W12 双涡轮增压发动机，峰值功率达到 412 千瓦（552 马力），0～100 公里/时加速时间为 4.8 秒，最高车速 318 公里/时。欧陆 GT 第二代的顶配动力依然使用 W12 发动机，最大输出调到 429 千瓦（575 马力），后期还推出了 V8 车款。欧陆 GT 第三代增大了进气中网的尺寸，让前脸多了几分优雅,少了些许凶猛。动力上依旧是 6 升 W12 发动机,峰值功率提升至 466 千瓦(623 马力),0～100 公里/时加速时间提升到 3.7 秒。欧陆 GT 第三代基于大众 MSB 平台,基因上与保时捷帕拉梅拉保持高度一致,但是从选材到用料依然保持着浓浓的英国味。

欧陆 GT 第三代外观

欧陆 GT 第三代内饰

宾利欧陆飞驰

宾利欧陆飞驰（Bentley Continental Flying Spur）是英国宾利汽车公司设计和制造的前置四驱四门轿车，2005年开始生产，到2020年已发展到第三代，标准版的官方指导价为289万元人民币。

基本参数（第三代）	
长度	5316 毫米
宽度	1987 毫米
高度	1484 毫米
轴距	3194 毫米
整备质量	2437 千克

外观内饰

欧陆飞驰的格栅内层采用亮黑色矩阵式设计，外层饰以亮面镀铬垂直饰条，为整车设定了优雅大气的基调。前部 LED 矩阵大灯采用矩阵光束技术，呈现水晶切割般的璀璨光芒。全新的镀铬灯框，即便不点亮大灯，也能折射出晶莹璀璨的光芒。内部轮廓采用宾利经典的飞翼造型风格，使座舱内饰协调统一。飞翼造型贯穿于整个仪表盘，延伸至前后车门板，全新的浮动式中控台更是点睛之笔，在整个座舱内营造出雕塑般的流畅线条，让车内空间显得更加宽敞。

性能特点

欧陆飞驰是宾利有史以来最快的四门豪华轿车，第一代车型搭载 6 升 W12 双涡轮增压发动机，搭配 ZF 6HP26A 六速自动变速箱，最高时速达 306 公里 / 时，0～100 公里 / 时加速时间在 5 秒左右。第二代车型有两种发动机，即 6 升 W12 双涡轮增压发动机和 4 升 V8 双涡轮增压发动机，均搭配 ZF 八速自动变速箱。第三代车型搭载 6 升 W12 双涡轮增压发动机，搭配 ZF 八速自动变速箱，最高车速达 333 公里 / 时。

欧陆飞驰第三代

欧陆飞驰第三代内饰

宾利慕尚

宾利慕尚（Bentley Mulsanne）是英国宾利汽车公司设计和制造的前置后驱四门轿车，2010年开始生产，分为标准版、极致版和长轴距版。标准版的官方指导价为498万元人民币。由于销量不佳，宾利于2020年6月宣布放弃慕尚下一代车型的研发。

基本参数	
长度	5575毫米
宽度	1926毫米
高度	1521毫米
轴距	3266毫米
整备质量	2650千克

外观内饰

慕尚是近八十年来第一款由宾利自主设计的旗舰车型，用以取代宾利雅致。慕尚车系采用明快凌厉、灵动流畅的设计方式，其超塑成型铝合金车身轮廓清晰、棱角分明，以现代设计语言鲜明地诠释了标志性的经典宾利设计风格，并造就了震慑人心的道路表现力。一体式保险杠、格栅、发动机罩和翼子板交相呼应、协调搭配，令车辆整体外观更显宽阔雄健、大气庄重。饰有亮面不锈钢垂直叶子格栅的散热器壳带来惊艳夺目的视觉冲击力。慕尚拥有精美绝伦的内饰设计，为驾乘者营造出更加优雅奢华的静享空间。只有经甄选的上乘真皮和精美饰面，才能用于装饰慕尚座舱。此外，内饰环境又可配置丰富多样的个性化定制选项。与标准版相比，极致版拥有更富动感的驾驶体验；长轴距版专为后排乘客设计，额外的腿部空间带来更宽敞的舒适空间。

性能特点

慕尚采用6.75升V8双涡轮增压发动机。ZF八速自动变速箱与后轮驱动相结合，可实现平顺换挡、无缝加速，同时有效地提高了燃油经济性并减少二氧化碳排放量。

慕尚的动态驾驶控制系统可通过换挡杆旁边的旋转开关来操作,共有三种标准驾驶模式,即宾利模式、舒适模式和运动模式,这些模式提供了悬架和转向系统的精确校准。

慕尚标准版外观

慕尚标准版内饰

保时捷 928

保时捷 928（Porsche 928）是德国保时捷汽车公司设计和制造的前置后驱双门轿跑车，在 1977—1995 年期间生产。

基本参数	
长度	4520 毫米
宽度	1837 毫米
高度	1275 毫米
轴距	2500 毫米
整备质量	1450 千克

外观内饰

保时捷 928 是一款发动机前置、掀背式车尾的双门轿跑车。该车自动翻动的前大灯设计领先潮流至少十年，后备厢底部平坦，后排座椅靠背放倒后，后备厢空间更大，超大车轮罩和与车身颜色一样的轮圈让保时捷 928 看起来更加强劲、优雅。保时捷 928 没有传统的后备厢盖，后窗一直延伸到后面板。

性能特点

保时捷 928 是一款不为大众熟知，却具有传奇色彩的车型，世人对它的评价褒贬不一，新颖、性能好的特点是其独有的标签，它是集动力、优雅、操控、运动于一身的豪华车型。该车型根据当时的政治环境和市场环境采用前置后驱的设计方式，与后置后驱的保时捷 911 设计大相径庭，发动机采用强劲的 V8 发动机，有 4.5 升、4.7 升、5.0 升和 5.4 升四种排量，搭配三速、四速自动变速箱，或者五速手动变速箱，最高车速可达每小时 275 公里，0～100 公里/时加速时间不超过 6 秒。无论是设计方式还是外观造型，保时捷 928 都优于保时捷 911，然而事与愿违，本应该引爆汽车市场的保时捷 928 最终因为得不到市场的认可而在 1995 年停产。

保时捷928外观

保时捷928内饰

保时捷帕拉梅拉

保时捷帕拉梅拉（Porsche Panamera）是德国保时捷汽车公司设计和制造的前置后驱四门轿车，2009年开始生产，2016年6月推出第二代。该车有帕拉梅拉、帕拉梅拉GTS、帕拉梅拉Turbo、帕拉梅拉E-Hybrid四个系列，官方指导价为97.3万～248.3万元人民币。

基本参数（第二代）	
长度	5049毫米
宽度	1937毫米
高度	1423毫米
轴距	2950毫米
整备质量	1815千克

外观内饰

保时捷帕拉梅拉车身线条圆润流畅，没有任何棱角，具有比较成熟的保时捷设计风格。该车采用四门设计，前脸两侧各有一个大型进气口，水平条式雾灯横穿其中，造型独特。车侧身线面处理得简洁柔和，既优雅又动感，巨大的五辐式轮毂搭配黑色的刹车卡钳，暗示出不俗的运动潜能。其尾部采用了一个掀背式风格的后备厢盖，既增添了运动色彩，又提供了足够的存储空间。

性能特点

保时捷为帕拉梅拉提供四种发动机，分别是3.0升V6双涡轮增压发动机、3.6升V6发动机、4.8升V8发动机和4.8升V8双涡轮增压发动机，配备七速双离合器变速器，另外还提供可调减震器和多种行驶模式。即便是帕拉梅拉入门级车型，最高车速也能达到每小时250公里。4.8升V8双涡轮增压顶级款的最高车速可以达到每小时300公里。

第2章 经典轿车

　　帕拉梅拉可选配置较为丰富，自适应巡航定速控制系统、加热前后座椅、前排通风座椅、四驱自动温控等多达几十种选配配置，可以自由选配，随意定制。整个车身颜色除了白色为标配选项颜色外，其他十余个车身颜色选配从790元～3万元人民币不等。标配轮毂为18英寸合金轮毂，也可以选配19英寸或20英寸轮毂，价格从2万元到4万元人民币。

2019年款帕拉梅拉

帕拉梅拉 Turbo S 内饰

玛莎拉蒂总裁 VI

玛莎拉蒂总裁 VI（Maserati Quattroporte VI）是意大利玛莎拉蒂汽车公司设计和制造的前置后驱四门轿车，2012 年开始生产，设计师为洛伦佐·拉曼乔蒂，官方指导价为 140.58 万～160.88 万元人民币。

基本参数	
长度	5262 毫米
宽度	1948 毫米
高度	1481 毫米
轴距	3171 毫米
整备质量	1860 千克

外观内饰

玛莎拉蒂总裁 VI 是总裁系列第六代车型，相较上一代产品，新一代车型采用了全新的设计方式，车头设计显得更加运动，侧面整体线条则显示出一种优雅风格。同时，新一代车型还采用了轻量化设计方式，整备质量相较上一代轻了 50 千克。此外，新一代车型的车身长度大幅增加，以增大后座空间和后备厢空间。整体来说，玛莎拉蒂总裁 VI 的外观被设计得非常凌厉，以吸引玛莎拉蒂在西欧和北美市场的核心消费者。

性能特点

玛莎拉蒂总裁 VI 有两款动力可选，低配车型匹配 3.0 升 V6 双涡轮增压发动机，最大功率输出 306 千瓦（410 马力）。高配车型搭载 3.8 升 V8 双涡轮增压发动机，最大功率输出 401 千瓦（538 马力），峰值扭矩为 651 牛·米（超增压模式可达 710 牛·米），0～100 公里/时加速时间为 4.7 秒，最高车速达 307 公里/时。传动系统方面，玛莎拉蒂总裁 VI 匹配 ZF 八速自动变速箱。

玛莎拉蒂总裁 VI 有五种驾驶模式，分别为自动普通、自动运动、普通手动、运动手动以及增强控制模式。其中变速箱在默认的自动普通模式下将以最舒适以及节能的方式运行，而在自动运动模式下变速箱则会在更高的转速下以更快的速度换挡。切换到普通手动模式，驾驶者则可通过方向盘拨片来进行更直接的操作，运动手动模式可为驾驶者带来更多的驾驶乐趣。增强控制模式则可以为驾驶者提供最舒适、轻松的驾驶方式，同时车辆的经济性也达到最好的水平。

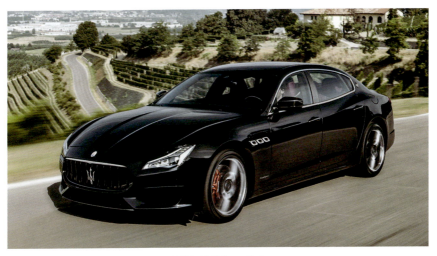

玛莎拉蒂总裁VI外观

玛莎拉蒂总裁VI内饰

玛莎拉蒂吉卜力

玛莎拉蒂吉卜力（Maserati Ghibli）是意大利玛莎拉蒂汽车公司设计和制造的四门轿跑车，1967—1973年期间生产了第一代车型，1992—1998年期间生产第二代车型，2013年推出第三代车型，官方指导价为78.88万～118.88万元人民币。

基本参数（第三代）	
长度	4971毫米
宽度	1945毫米
高度	1461毫米
轴距	2998毫米
整备质量	1810千克

外观内饰

玛莎拉蒂吉卜力继承了玛莎拉蒂家族式设计风格，标志性的前进气格栅配合造型犀利的前大灯，视觉冲击力甚至要强于玛莎拉蒂总裁。从尺寸规格来看，玛莎拉蒂吉卜力被许多人称为缩小版总裁。两条曲线贯穿车身侧面，在硬朗的车尾前部融合在一起，尾部略扁饱满的倒梯形LED尾灯和由流畅的车身线条自然延伸至尾部的造型彰显了整车线条的一体感。三角形C柱和无框车窗设计使玛莎拉蒂吉卜力透露出豪华四门轿跑的动感身姿，其车身长度和轴距在同级轿车中名列前茅。

玛莎拉蒂吉卜力的中控台布局简洁，具有层次感，整体内饰氛围散发出典雅和豪华的气息，方向盘的设计则与总裁相同。在中控台中央顶部，它还镶嵌了经典的玛莎拉蒂时钟，该时钟采用了蓝色表盘和铝材装饰，显得很精致。还配备了8.4英寸高清触摸屏，多媒体系统集成收音机、视频播放、电话、空调控制以及导航等常用功能。仪表盘上硕大的彩色LCD屏幕可以显示多达10个菜单内容，包括胎压监测、油耗、音频以及车辆设置等信息。定速巡航、音响系统和蓝牙电话等控制按钮则被集成在真皮方向盘上。

性能特点

玛莎拉蒂吉卜力搭载两种不同功率的 3.0 升 V6 双涡轮增压发动机，低功率版发动机最大功率 246 千瓦（330 马力），峰值扭矩 500 牛·米，高功率版发动机最大功率 305 千瓦（409 马力），峰值扭矩 550 牛·米。这两款发动机均配备平行涡轮增压器，由玛莎拉蒂和法拉利的动力传动部门合作开发，并由位于马拉内罗世界领先的法拉利发动机工厂生产。与发动机匹配的是八速手自一体变速箱，具有手动、雪地以及运动三种模式。玛莎拉蒂吉卜力全部车型标配限滑式差速器，目的是在各种驾驶条件下实现最佳牵引效果。

玛莎拉蒂吉卜力第三代外观

玛莎拉蒂吉卜力第三代内饰

梅赛德斯—奔驰 C 级

梅赛德斯—奔驰 C 级（Mercedes-Benz C Class）是德国梅赛德斯—奔驰汽车公司设计和制造的四门轿车，1993 年开始生产，到 2020 年已经发展到第四代。第四代车型于 2014 年开始生产，官方指导价为 30.78 万～47.48 万元人民币。

基本参数 (第四代)	
长度	4686 毫米
宽度	1810 毫米
高度	1442 毫米
轴距	2840 毫米
整备质量	1490 千克

外观内饰

梅赛德斯—奔驰 C 级第四代的前脸采用了最新的设计元素，宽大的盾形中网中间采用横向双镀铬饰条，立体感更强。重新设计的大灯组，加上宽大的下进气口，前脸动感十足。值得一提的是，优雅版车型还配备了自动启闭式格栅，系统能根据需要（散热和风阻）自动开/闭格栅。车尾部下方，大面积的扩散器、一体式双出扁平排气管以及两侧的扰流通道，使整个车尾部看起来优雅而又不失动感。

内饰方面，最大的亮点是升级的 12.3 英寸全液晶仪表盘，并且中控液晶显示也升级至最大 10.25 英寸（标配为 7 英寸）。此外，全新的三辐式方向盘还具有双拇指控制系统。梅赛德斯—奔驰 C 级第四代车呈现出多种内饰风格，包括真皮内饰搭配碳纤维装饰板以及双色座椅等，从而彰显出年轻化、运动化的特点。

性能特点

梅赛德斯—奔驰 C 级第四代搭载 1.6T 和 2.0T 两款发动机。其中 1.6 升的涡轮增压发动机，最大输出功率达到 116 千瓦（156 马力），峰值扭矩 250 牛·米；而 2.0T

涡轮增压发动机,最大功率达到 135 千瓦 183 马力,峰值扭矩 300 牛·米。传动方面,与发动机匹配的是六速手动变速箱或七速自动变速箱。

梅赛德斯—奔驰 C 级第四代轿车标配了胎压监测装置、膝部气囊、零胎压继续行驶、主动刹车/主动安全系统、疲劳驾驶提示、定速巡航、电动天窗、无钥匙启动系统、多功能方向盘、定位互动服务,蓝牙/车载电话、LED 远近光灯、后视镜电动折叠和感应雨刷等,其舒适、精制、实用、安全性达到一流水平。该车可以根据事故类型和其严重程度采取数项措施,即自动关闭发动机,切断燃油供给;危险警告灯和应急车内灯自动启用;必要时可部分降下侧车窗并自动解锁车门。

梅赛德斯—奔驰 C 级第四代外观

梅赛德斯—奔驰 C 级第四代内饰

梅赛德斯—奔驰 CLA 级

梅赛德斯—奔驰 CLA 级（Mercedes-Benz CLA Class）是德国梅赛德斯—奔驰汽车公司设计和制造的四门轿跑车，2013 年开始生产，2019 年推出第二代车型，官方指导价为 23.28 万～35.18 万元人民币。

基本参数（第二代）	
长度	4688 毫米
宽度	1830 毫米
高度	1439 毫米
轴距	2729 毫米
整备质量	1420 千克

外观内饰

虽然梅赛德斯—奔驰 CLA 级在价格和配置方面都定位在梅赛德斯—奔驰 C 级之下，但它的车身长度和宽度略大于梅赛德斯—奔驰 C 级，而车身高度则略矮于梅赛德斯—奔驰 C 级。因此在外观上，梅赛德斯—奔驰 CLA 级会显得更修长。梅赛德斯—奔驰 CLA 级采用了凸出式的格栅设计方式，格栅比前大灯突出更多，从而展现出一种立体感。大尺寸进气格栅采用金属网状布局，这种设计被奔驰称为钻石状格栅设计。一条贯通格栅的镀铬饰条体现了车身的运动气质。车尾部分的运动化包围相当独特，突出的尾箱起到了扰流板的作用，能够使高速行驶的轿车更稳定。

梅赛德斯—奔驰 CLA 级的内饰非常年轻化，中控台操作区显得非常简洁。三辐式运动方向盘、X 型空调出风口、分离式的显示屏，以及全新设计的仪表盘都让人耳目一新。而在座椅部分也有两个版本可选，高配车型的运动化座椅包裹性更好，同时也有更多运动化装饰。

性能特点

梅赛德斯—奔驰 CLA 级主打 1.6T（CLA 180、CLA 200）、2.0T（CLA 250）的

M270 系列四缸涡轮增压发动机和 2.2 升柴油发动机，主要车型包括 CLA 180（峰值功率 122 马力，最大扭矩 200 牛·米）、CLA 200（最大功率 156 马力，峰值扭矩 250 牛·米）、CLA 250（最大功率 211 马力，最大扭矩 350 牛·米）三款汽油发动机版本以及 CLA 220CDI（最大功率 170 马力）柴油发动机版本。这些车型均为两驱，搭载六速手动变速箱或七速双离合变速箱。

梅赛德斯—奔驰 CLA 级还有四驱车型，标配 7G-DCT 双离合变速箱，其变速箱内置传动轴连接，配合后轴的电控液压多片式差速器实现四驱驱动系统，因此驱动 CLA 级可以实现前后轴的可变扭矩分配，不但降低了成本，同时可以实现更好的四驱分配，关键是还可以降低四驱驱动系统的重量。

梅赛德斯—奔驰 CLA 级第二代外观

梅赛德斯—奔驰 CLA 级第二代内饰

梅赛德斯—奔驰 CLS 级

梅赛德斯—奔驰 CLS 级（Mercedes-Benz CLS Class）是德国梅赛德斯—奔驰汽车公司设计和制造的四门轿跑车，2004 年开始生产，2010 年推出第二代车型，2018 年推出第三代车型，官方指导价为 57.68 万～78.98 万元人民币。

基本参数（第三代）	
长度	4988 毫米
宽度	1890 毫米
高度	1435 毫米
轴距	2938 毫米
整备质量	1825 千克

外观内饰

梅赛德斯—奔驰 CLS 级第三代并没有延续第二代车型的设计方式，在同时借鉴概念车 F800 与经典老爷车 300SL 的诸多元素后，宽大高耸的车头更加硬朗，而车身侧面线条在遵循第二代车型优雅弧线的同时，融入了更多运动元素，据称设计师的灵感来源于猫蓄势待发的动感线条。

性能特点

梅赛德斯—奔驰 CLS 级各个车型搭载了不同的发动机，包括 1.5 升 M264 I4 汽油梅赛德斯—奔驰机、2.0 升 M264 I4 涡轮增压汽油梅赛德斯—奔驰机、2.0 升 OM654 I4 涡轮增压柴油梅赛德斯—奔驰机、2.9 升 OM656 I6 双涡轮增压柴油梅赛德斯—奔驰机、3.0 升 M256 I6 涡轮增压汽油梅赛德斯—奔驰机。各个车型均配备九速自动变速箱。

梅赛德斯—奔驰 CLS 级标配了驾驶者和前座乘客前部气囊、前座侧部气囊以及车窗气囊。系统在瞬间可以对正面碰撞的严重程度作出判断,决定是分一级还是两级触发前部安全气囊。发生侧面撞击时,展开的侧部气囊和车窗安全气囊可以提供额外的保护,以降低驾驶者和乘客胸部和头部受伤的风险。附加的倾翻传感器在翻车时可以触发所有安全带收紧器和两侧车窗安全气囊。发生后部碰撞时,碰撞响应式颈部保护头枕可以快速响应,通过向上和向前滑动头枕,缩短头部和头枕之间的距离,减少头部突然向后移动的幅度,为驾驶者及乘客的颈椎提供保护。

梅赛德斯—奔驰CLS级第三代外观

梅赛德斯—奔驰CLS级第三代内饰

梅赛德斯—奔驰 E 级

梅赛德斯—奔驰 E 级（Mercedes-Benz E Class）是德国梅赛德斯—奔驰汽车公司设计和制造的四门轿车，1993 年开始生产，到 2020 年已经发展到第五代，官方指导价为 42.98 万～62.38 万元人民币。

基本参数（第五代）	
长度	4923 毫米
宽度	1852 毫米
高度	1468 毫米
轴距	2939 毫米
整备质量	1605 千克

外观内饰

从初代的虎头样式，到第二、第三代的圆灯四眼样式，再到第四代的锐利四眼样式，直到现在消费者所熟识的第五代样式，梅赛德斯—奔驰 E 级每次换代都是彻底且大胆的。由于不断更新设计团队的原因，梅赛德斯—奔驰 E 级在设计元素的传承上并没有特别的标签化。梅赛德斯—奔驰 E 级第五代轿车除了在整体造型上依然秉承修长优雅的风格之外，还在前后细节上加入了年轻的元素。例如造型更具攻击性的头灯，横向设计的尾灯，都比前代车型更加具有运动感。

在造型风格的策略上，梅赛德斯—奔驰 E 级第五代依然提供两套不同的选择。普通版采用了双横幅格栅设计，底部为贯穿式；运动版则采用了单横幅镀铬饰条设计，且进气格栅还采用了更为精致动感的点阵式。

性能特点

梅赛德斯—奔驰 E 级在动力上，更加倾向于电动化，海外版搭载 2.0T、3.0T 两款发动机，并配备 48V 轻混系统。E 级配备九速自动变速箱，更快、更平顺的换挡技术可以即时释放强劲的动力，同时可以有效地降低油耗。

E级配备了主动式制动辅助系统,包括对于车距和碰撞的视觉及听觉双重警告、按需调节的制动辅助功能及针对前方车辆和行人的紧急自主制动功能,可及时有效地防止和减轻追尾及碰撞事故。当盲点区域探测到车辆时,外部的后视镜将亮起红色三角标志。若驾驶者忽视此警告并试图亮起转向灯时,则可以进而触发声音警告,由此能够大幅度提升驾驶途中的安全系数。

梅赛德斯—奔驰E级第五代外观

梅赛德斯—奔驰E级第四代内饰

梅赛德斯—奔驰 S 级

梅赛德斯—奔驰 S 级（Mercedes-Benz S Class）是德国梅赛德斯—奔驰汽车公司设计和制造的四门轿车，1972 年开始生产，到 2020 年已经发展到第六代，官方指导价为 84.28 万～169.28 万元人民币。

基本参数（第六代）	
长度	5116 毫米
宽度	1899 毫米
高度	1496 毫米
轴距	3035 毫米
整备质量	1910 千克

外观内饰

梅赛德斯—奔驰 S 级外观大气，端庄优雅，线条流畅，前脸格外沉稳，大灯、尾灯、转向灯甚至内饰照明等均采用 LED 光源。车身侧面修长，19 英寸轮毂极为大气。后尾部圆润，采用双边排气。内饰方面，用料做工无可挑剔，大面积的皮质手感十足，木纹饰板凸显档次，圆形空调出风口复古精致，双 12.3 英寸大连屏视觉冲击力极强，64 色氛围灯也很有情调。

梅赛德斯—奔驰 S 级的座椅在人体工学设计、舒适性和安全性方面均很出色。前排座椅带有按摩功能、动感操控功能，以及碰撞响应式颈部保护头枕。即使在长途旅程中，也能为驾驶者和前排乘客提供非比寻常的舒适性。腰部和肩部区域的一系列气室可根据乘客体形进行相应设定，座椅侧垫可根据汽车的运动状态自动进行动态调节，确保始终可以获得可靠的支撑——尤其在转弯时。7 个按摩气室和 4 个按摩程序采用滚动运动刺激背部肌肉，从而在保持驾驶者和乘客身体健康方面起到积极作用。

性能特点

梅赛德斯—奔驰 S 级搭载了燃油消耗经过优化的汽油发动机，从而实现了超凡

第 2 章 经典轿车

驾驶乐趣与环境保护的结合。创新的梅赛德斯—奔驰发动机技术在极大地提升功率输出的同时,可以显著地降低二氧化碳的排放量和燃油消耗量。S250、S300、S350和 S400 车型搭载 V6 发动机,S450、S500 和 S550 车型搭载 V8 发动机,S600 则搭载 V12 发动机。6 缸和 8 缸发动机均标准配备梅赛德斯—奔驰七速自动变速箱,12 缸发动机则配备五速自动变速箱。驾驶者可通过方向盘上的直接选挡换挡杆进行控制。借助 7 个前进挡,七速自动变速箱确保每次都能达到最适宜的转速,从而降低燃油消耗量。简短而平滑的换挡使操作极其轻松顺畅,并降低了噪音级别。驾驶者可通过设置开关选择以下三种模式,即手动型、舒适型或运动型。

梅赛德斯—奔驰 S 级第六代外观

梅赛德斯—奔驰 S 级第六代内饰

宝马 3 系

宝马 3 系（BMW 3 Series）是德国宝马汽车公司设计和制造的 B 级轿车系列，1975 年开始生产，到 2020 年已经发展到第七代，官方指导价为 29.39 万～40.99 万元人民币。

基本参数（第七代）	
长度	4709 毫米
宽度	1827 毫米
高度	1442 毫米
轴距	2851 毫米
整备质量	1850 千克

外观内饰

宝马 3 系第七代采用了全新的外观设计，运动感更强。前脸部分，更大尺寸的前格栅采用了熏黑设计，前大灯组造型更狭长，与前格栅相连，视觉效果更加孔武有力。下方雾灯与进气格栅也进行了调整，使前脸看起来更低，运动感更强。车尾部分，新车采用了平直锋利的尾灯组轮廓，内部 L 形的红色灯带。宝马 3 系第七代的车身刚性在材料优化的作用下，整体提升 25%，乘客座舱与底盘的特定区域更提升达到 50%。内饰方面，宝马 3 系第七代采用全新的悬浮式液晶屏，并配合全新造型的电子挡杆以及三辐式多功能方向盘。

性能特点

宝马 3 系轿车有汽油和柴油两种发动机可供选择，标配涡轮增压发动机。318i、320i 和 330i 车型均搭载 2.0 升 I4 涡轮增压汽油发动机。M340i 车型搭载 3.0 升 I6 涡轮增压汽油发动机，峰值扭矩达 500 牛·米，0～100 公里/时加速时间为 4.4 秒。Alpina B3 车型搭载 3.0 升 I6 双涡轮增压汽油发动机，峰值扭矩达 700 牛·米，0～100 公里/时加速时间为 3.8 秒。316d、318d 和 320d 车型搭载 2.0 升 I4 涡轮增压柴油发动机，330d 搭载 3.0 升 I6 涡轮增压柴油发动机，M340d 和 Alpina D3 S

搭载 3.0 升 I6 双涡轮增压柴油发动机。传动系统方面，宝马 3 系各车型配备六速手动或八速自动变速箱。底盘方面，采用铝制摆臂的双球节弹簧减震支柱前桥，以及五连杆后悬架。

宝马 3 系第七代外观

宝马 3 系第七代内饰

宝马 4 系

宝马 4 系（BMW 4 Series）是德国宝马汽车公司设计和制造的轿跑车，2013 年开始生产，2020 年推出第二代车型，官方指导价为 35.98 万～ 61.68 万元人民币。

基本参数（第二代）	
长度	4768 毫米
宽度	1852 毫米
高度	1387 毫米
轴距	2851 毫米
整备质量	1600 千克

外观内饰

为了突出宝马 4 系的个性，使其与宝马 3 系之间有着更多的差异化，宝马设计团队在外观上进行了大胆创新，其中改变最大的就是进气格栅。纵向且尺寸更大的进气格栅，能够带来更高的冷却效率，并且从一定程度上致敬宝马历史上的经典车型。另外，宝马 4 系的前大灯组没有了"开眼角"的设计，视觉效果更为流畅自然，而尾灯组则变得更沉稳。车身侧面的线条设计还用上了断开式的手法，前部、后部的线条与中部的线条隔开，新鲜感和运动感更强。

性能特点

宝马 4 系共有 420i、430i 以及 M440i xDrive 三个配置版，前两个配置版搭载 2.0 升 I4 涡轮增压汽油发动机。后一个配置版搭载 3.0 升 I6 涡轮增压汽油发动机，并配备了 48V 轻混系统，不仅能在一定程度上改善低速时的响应和平顺性，还对绝对动力性能有一定的提高。所有配置版均匹配了与宝马 3 系相同的 ZF 八速自动变速箱。变速箱增加了"冲刺"（Sprint）模块功能，意为在急加速时能够更快地降至最低挡位，带来更好的加速性体验。

宝马4系第二代外观

宝马4系第二代内饰

宝马 5 系

宝马 5 系（BMW 5 Series）是德国宝马汽车公司设计和制造的 C 级轿车系列，1972 年开始生产，到 2020 年已经发展到第七代，官方指导价为 42.69 万～54.99 万元人民币。

基本参数（第七代）	
长度	4936 毫米
宽度	1858 毫米
高度	1479 毫米
轴距	2975 毫米
整备质量	1605 千克

外观内饰

宝马 5 系的外观凌厉而时尚。车侧雕塑感双腰线和标配梯形双边单出排气尾管，构成动感的外观。智能降阻进气格栅和前轮罩"鲨鱼腮"导流孔，可提供良好的空气动力学性能，降低油耗和排放量。此外，还有 M 运动套装和彰显高雅风范的豪华套装可供选择。

宝马 5 系车内空间宽敞，后排舒适型座椅可实现肩部等多个位置的独立调节。四区空调和座椅通风系统，大大提升了乘坐舒适性。贴心的车内降噪设计，可为乘客提供良好的静音环境。后排智能触控系统，可轻松调控氛围灯、座椅角度等，灵活便捷。

性能特点

宝马 5 系搭载荣获"沃德十佳"的 B 系列发动机，强劲的动力，创造快速体验的同时，可有效地降低油耗。智能轻量化高刚度车身，使用复合车身材料，实现了车身减重，抗扭刚性、操控感和安全性都得到显著增强。后桥空气悬挂，能实现舒适的驾驶体验。通过各种互联驾驶功能和驾驶者辅助系统，宝马 5 系让驾驶者随时可以实现与外界的无缝通信连接，从容面对任何场合。直观的方式使操作简单便捷，令车辆的舒适性、安全性和通信功能的效率大幅提升，给驾驶者和乘客带来愉悦的出行体验。

宝马 5 系第七代外观

宝马 5 系第七代内饰

宝马 6 系

宝马 6 系（BMW 6 Series）是德国宝马汽车公司设计和制造的双门轿跑车，1976 年开始生产，到 2020 年已经发展到第四代，官方指导价为 85.8 万～203.9 万元人民币。

基本参数（第四代）	
长度	5091 毫米
宽度	1902 毫米
高度	1538 毫米
轴距	3070 毫米
整备质量	1720 千克

外观内饰

宝马 6 系保持了宝马 Coupe 典型的动态风格，长长的发动机罩、低低的车顶线条、前脸及侧面裙边都赋予了它动感优雅的姿态。为与其他车型区别开来，宝马 6 系的大灯、发动机罩、进气格栅以及前进风口，都进行了全新的设计。在尾灯设计中引入了发光二极管刹车灯这样的新元素，除了大大缩短反应时间以外，还能根据不同的环境调节尺寸和亮度，更显独具匠心。

内饰方面，宝马 6 系秉承宝马一贯的风格，把豪华与实用完美地结合起来。鲜艳的颜色更符合其运动的特色，并有多种配置可供选择。作为一种豪华车的代表，宝马 6 系还有许多值得称道的地方，例如音响配置方面，宝马 6 系配备了具备 8 个扬声器的 HI-FI 音响系统，以及 6 碟 CD，营造出家庭影院的效果。

性能特点

宝马 6 系搭载一台采用电子气门技术的 4.4 升发动机，0～100 公里/时加速时间仅 5.6 秒，最高车速被电子限速器控制在每小时 250 公里以内。该发动机最大功率为 248 千瓦（333 马力），峰值扭矩为 450 牛·米。与发动机所搭配的变速器有三种选择，将动力传输给后轮是宝马一贯的风格。除了手动六速变速器外，宝马

645Ci还提供带有手动换挡模式的六速自动变速器,如果用户更爱好如同F1赛车一样的换挡方式,还可以选择顺序式手动变速器,可用方向盘上的桨片或者是变速杆来换挡。

宝马6系第四代外观

宝马6系第四代内饰

宝马 7 系

宝马 7 系（BMW 7 Series）是德国宝马汽车公司设计和制造的 D 级轿车系列，1977 年开始生产，到 2020 年已经发展到第六代，官方指导价为 82.8 万～242.8 万元人民币。

基本参数（第六代）	
长度	5098 毫米
宽度	1902 毫米
高度	1467 毫米
轴距	3070 毫米
整备质量	1755 千克

外观内饰

宝马 7 系第六代采用了全新进气格栅以及大灯组，标志性的"双肾"进气格栅相比老款面积增加了 40%。M760Li 车型在 C 柱处标有 V12 标识，侧窗外沿则是采用了专属的黑色装饰条。内饰方面，换装了一套最新的 12.3 英寸全液晶仪表盘，提升了车厢内的科技感。另外，还搭载了最新的 iDrive7.0 多媒体系统。配置上，拥有 10.25 英寸触摸屏、车联网、宝马智能个人助理、低速跟车功能、50 米距离自动倒车功能、四区空调、纳帕真皮内饰以及宝华韦健音响等。

性能特点

宝马 7 系第六代搭载提升后的 2.0 升 I4 涡轮增压发动机、3.0 升 I6 涡轮增压发动机和 4.4 升 V8 双涡轮增压发动机，它们分别对应 730Li、740Li 以及 750Li 车型，最大功率分别为 192 千瓦（258 马力）、254 千瓦（340 马力）以及 395 千瓦（530 马力）。M760Li 车型搭载了一台 6.6TV12 发动机，最大功率调整为 436 千瓦（585 马力），峰值扭矩为 850 牛·米，0～100 公里 / 时加速时间为 3.8 秒。传动方面，全系匹配八速手自一体变速箱。

宝马 7 系第六代外观

宝马 7 系第六代内饰

宝马 8 系

宝马 8 系（BMW 8 Series）是德国宝马汽车公司设计和制造的轿跑车，第一代车型在 1990—1999 年期间生产，2018 年重新推出第二代车型，官方指导价为 96.8 万～126.8 万元人民币。

基本参数（第二代）	
长度	4843 毫米
宽度	1902 毫米
高度	1341 毫米
轴距	2822 毫米
整备质量	1785 千克

外观内饰

宝马 8 系采用宝马标志性的双肾式进气格栅，采用了更加扁平化的不规则形状，边框与内部直瀑式辐条均采用了高亮银色镀铬。大灯内部使用了熏黑处理，双 L 形日间行车灯带为宝马最新样式，与上方的灯眉结合；远近光大灯均采用 LED 光源，支持选装激光大灯功能，使照射范围更广。车身侧面，双门轿跑车具有修长的车身比例，以及更偏向传统轿车的轮廓感。平滑倾斜的车顶弧线，搭配健硕的车身造型，让侧窗与车厢面积显得很小。腰线一直贯穿于车尾，与尾门上方线条融合。车尾部分，延续了宽大低趴的造型。细长的尾灯造型与车尾融合自然。后保险杠两侧反光板位置，设计了獠牙状导风槽。

内饰方面，宝马 8 系采用了与旗下其他车型截然不同的设计理念，T 形中控结构两侧为对称式设计，中央功能区略向驾驶者一侧倾斜，强调了宝马一贯的操控理念，不规则造型的中控触摸屏，以及水晶挡把。内饰用料方面，中控台上方和中央地台两侧，均使用了大量软性材质与皮质包裹，表面还有双缝线工艺点缀，配合细节处的镀铬饰条与银色饰板。宝马 8 系搭载了 12.3 英寸半悬浮式液晶触摸屏，配备三幅式多功能方向盘。

性能特点

宝马 8 系搭载 3.0 升直列六缸涡轮增压发动机，最大功率 254 千瓦（340 马力），峰值扭矩 500 牛·米，匹配改进后的八速手自一体变速箱，同时还配备了整体主动转向系统，最快车型的 0 ～ 100 公里 / 时加速时间仅需 4.9 秒。

宝马 8 系第二代外观

宝马 8 系第二代内饰

宝马 M3

宝马 M3（BMW M3）是德国宝马汽车公司设计和制造的轿车，是以宝马 3 系为基础所衍生开发的高性能车型，由宝马直属的赛车部门宝马 M 负责开发制造。该车于 1986 年开始生产，到 2020 年已经发展到第五代，官方指导价为 87.68 万～ 108.89 万元人民币。

基本参数（第五代）	
长度	4671 毫米
宽度	1877 毫米
高度	1424 毫米
轴距	2812 毫米
整备质量	1621 千克

外观内饰

宝马 M3 外形流线优美，既彰显运动风格又显得霸气十足。前保险杠造型锐利，由复合材质塑料制作而成，前保险杠下方的进气孔非常宽大。发动机盖高高耸起，两侧留有进气孔。轮毂的尺寸增大到 18 英寸，甚至还能加大到 19 英寸。车尾有四个排气管。由于宝马 M3 采用的是碳素车顶，发动机盖和后厢盖也由这种轻量化的材质打造，所以车身重量比普通宝马系车型更轻，外观上也要显得前卫、时尚。

宝马 M3 座椅偏舒适，侧翼包裹度电动可调。方向盘、仪表台、副仪表台、挡杆、座椅都用诺维洛真皮包裹。车门同样使用了柔软细滑的诺维洛真皮。粗壮厚实的方向盘，手感却并不硬。后排座椅可以容纳普通成人就座，不会有紧促感。

性能特点

宝马 M3 搭载 3.0 升直列六缸双涡轮增压发动机，峰值扭矩为 550 牛·米。该车配备六速手动变速箱，0 ～ 100 公里 / 时加速时间为 3.8 秒，极速则被电子系统限制在每小时 250 公里，解除电子限速以后可达到每小时 290 公里。宝马 M3 除了有新一代的 DSC+、EDC 等电子系统外，宝马汽车公司还加强了悬挂以及刹车等部件的安全性，从而兼顾操控乐趣与驾驶安全。宝马 M3 也拥有宝马旗下车款的刹车动能回收系统，这个系统能大大提高燃油工作效率。

宝马 M3 第五代外观

宝马 M3 第五代内饰

宝马 M4

宝马 M4（BMW M4）是德国宝马汽车公司设计和制造的轿跑车，是以宝马 4 系为基础所衍生开发的高性能车型，由宝马直属的赛车部门宝马 M 负责开发制造。该车于 2014 年开始生产，官方指导价为 86.99 万～128.89 万元人民币。

基本参数	
长度	4671 毫米
宽度	1870 毫米
高度	1383 毫米
轴距	2812 毫米
整备质量	1617 千克

外观内饰

宝马 M4 凌厉的天使眼大灯和熏黑的四边形进气格栅相连，前部保险杠带有嵌入式底唇扰流板，非常有力量感。侧面的翼子板位置有进气口，适度发散的喇叭形轮拱曲线流利，十分动感。充满肌肉感的尾部保险杠下的四孔尾排很有气势，令人充满驾驶冲动。一切动感的元素都构成了 M 系独具特色的标识。该车大量使用碳纤维材料，尤其是在车顶，所以车辆的整体重量相较于标准的宝马 4 系显著降低。

性能特点

宝马 M4 搭载一台响应灵敏的 3.0 升直列六缸双涡轮增压发动机，底盘调校比较硬朗。发动机转数限制为 7600 转，额定功率为 317 千瓦（425 马力），峰值扭矩为 550 牛·米。与发动机搭配的是六速自动变速箱或七速双离合变速箱，前者的 0～100 公里/时加速时间为 4.1 秒，后者则为 3.9 秒。宝马 M4 配备了动态声效，使得发动机的排气声浪可以通过扬声器被引导至客舱。宝马汽车公司声称这项技术的使用是由于舱内隔绝路噪/风噪的效果良好，但仍希望为驾乘者提供发动机的动感声效，它不会有任何人工音响或预选录制的音轨。

第 2 章 经典轿车

宝马 M4 外观

宝马 M4 内饰

宝马 M5

宝马 M5（BMW M5）是德国宝马汽车公司设计和制造的轿车，是以宝马 5 系为基础所衍生开发的高性能车型，由宝马直属的赛车部门宝马 M 负责开发制造。该车于 1984 年开始生产，到 2020 年已经发展到第六代，其官方指导价为 146.9 万元人民币。

基本参数（第六代）	
长度	4965 毫米
宽度	1903 毫米
高度	1473 毫米
轴距	2982 毫米
整备质量	1982 千克

外观内饰

宝马 M5 的前大灯组与宝马 5 系采用了相同的设计，并使用了激光大灯。前保险杠与进气格栅的开口面积变得更大，可以进一步帮助车辆进行散热。此外，双肾格栅的设计也变得更具立体感。尾灯组与宝马 5 系相同，其整体灯罩的造型变得更加立体，再配合熏黑处理设计，让其车尾层次感更足。后保险杠采用了双色处理，双边共四出排气口周围也采用与车身不同色的设计。宝马 M5 搭载了一套全新设计的多辐式运动型轮圈，尺寸达到了 20 英寸。车顶采用碳纤维增强复合材料，进一步减轻了车身重量。

内饰方面，宝马 M5 与宝马 5 系一样，整体设计语言没有发生较大的变化。宝马 M5 采用了全新 UI 界面的全液晶仪表盘。同时，中控屏尺寸为 12.3 英寸，并搭载了最新的 iDrive 7.0 车机系统，并整合了 Apple CarPlay 和 Android Auto 手机互联功能。此外，挡把左边的功能按键也有所调整。

性能特点

宝马 M5 第六代沿用了第五代的 4.4 升 V8 双涡轮增压发动机，经过重新调校，发动机最大功率提升为447千瓦（600马力）。匹配ZF八速手自一体变速箱，0～100公里/时加速时间缩短为3.4秒。宝马汽车公司还首次将四驱系统引入宝马M5系列，全新开发的四驱系统拥有四驱、运动四驱、后驱三种模式，以满足全路况驾驶需求。

宝马M5第六代外观

宝马M5第六代内饰

宝马 M6

宝马 M6（BMW M6）是德国宝马汽车公司设计和制造的轿跑车，是以宝马 6 系为基础所衍生开发的高性能车型，由宝马直属的赛车部门宝马 M 负责开发制造。该车于 1983 年开始生产，到 2020 年已经发展到第三代，官方指导价为 179.8 万～276.8 万元人民币。

基本参数（第三代）	
长度	4897 毫米
宽度	1919 毫米
高度	1369 毫米
轴距	2850 毫米
整备质量	1925 千克

外观内饰

宝马 M6 给人一种蓄势待发的前冲姿态，双肾型进气格栅的双栅条上有 M 标志，弧形 M 外部后视镜与轮廓分明的碳纤维材质车顶和谐地融为一体。作为宝马智能轻量化结构的一部分，采用碳纤维强化塑料（CFRP）制成的车顶有助于减轻车重及降低车辆重心。数十年来，经过空气动力学优化的 M 外部后视镜已成为 M 系列运动型动态设计的象征。外部后视镜通过采用双杆支座固定至车身，凸显车辆的美感并表现出精密的工程设计感，增添了车辆侧部的个性、动态感和空气动力学特性。

宝马 M6 的内饰为驾乘者提供了理想的环境，同时还应用了奢华精致的材料，并且能够应要求选配宝马个性版精品的全部材料，彰显车主的个性。驾乘者可尽情享受宝马创新功能带来的乐趣。例如，具有 M 车型特有功能的全彩平视显示系统。在以驾驶者为导向的驾驶区域，带一体式换挡拨片的人体工学真皮方向盘增强了这种人机合一的感觉。只需按一下按钮，即可直接调出个性化设置。即使在高速转弯时，包裹高级细线纹美利奴真皮的选装 M 多功能座椅也可提供出色的横向支撑。

性能特点

宝马 M6 搭载一台 4.4 升 V8 双涡轮增压发动机,可提供 412 千瓦(560 马力)的最大功率和 680 牛·米的峰值扭矩。通过搭配选装赛车套件,输出动力可增至 429 千瓦(575 马力)。这得益于高发动机转速、涡轮增压与电子气门和高精度直喷系统等先进技术的结合。发动机从约 1500 转/分转速起即可提供峰值扭矩,从而绘制出一条令人印象深刻的线性动力输出曲线,同时可使驾驶者充分体验到强大动力带来的驾驶乐趣。

宝马 M6 第三代外观

宝马 M6 第三代内饰

奥迪 A4

奥迪 A4（Audi A4）是德国奥迪汽车公司设计和制造的 B 级轿车系列，1994 年开始生产，到 2020 年已经发展到第五代，官方指导价为 30.58 万～ 39.68 万元人民币。

基本参数（第五代）	
长度	4726 毫米
宽度	1842 毫米
高度	1427 毫米
轴距	2820 毫米
整备质量	1610 千克

外观内饰

奥迪 A4 第五代采用了革新设计的六边形进气格栅，其尺寸进一步增加。中网有两种设计，动感型车型采用蜂窝式，而雅致型车型采用合金多横幅式。高清矩阵式 LED 大灯是奥迪 A4 最引人注目的视觉重心，家族化锯齿状 LED 灯带设计简单而使人过目不忘。尾灯的设计依旧承袭了锯齿状家族化设计语言。车身侧面，彰显奥迪品牌精湛车身冲压工艺的多折角腰线升级为三段式腰线，在车门之中采用了分段设计，更加凸显了科技时代下的车身设计水平与工业制造能力，为奥迪 A4 勾勒出更具几何感的车身线条。

奥迪 A4 标配新一代奥迪虚拟座舱系统。在 12.3 英寸全液晶仪表盘背后，是一整套独立的操作系统，它拥有独立的处理器与显卡系统。强大的处理性能为驾驶者提供双手不离开方向盘便可掌控一切的操作控制系统。

性能特点

奥迪 A4 采用纵置式前置发动机，第五代车型有 1.4 升、2.0 升、3.0 升三种排量。驱动方式为前轮驱动，某些型号搭配有卡特罗全时四轮驱动系统。该系统能使车辆在多种复杂路面上转向或制动时，自动、准确、及时地分配各车轮的着地力，从而使车辆在复杂路况下行驶的定向稳定性和牵引性提高。奥迪标配的无级／手动一体式变速箱是汽车传动技术的一个提高。它将自动变速器和手动变速器的优点合二为一,像自动排挡一样操作简单,又像手动排挡一样反应快捷,并互补了它们的一些不足。无级/手动一体式变速箱可在发动机任何转速下自动调节至合适传动比,使车辆具有更好的加速性能,并在经济性、舒适性等方面有所提高。

奥迪 A4 继承了奥迪注重安全的传统,其标配的多项安全设备为乘员创造了理想的安全环境,达到各项国际被动安全标准。两侧的头部保护气帘几乎覆盖了从 A 柱到车厢后部的整个侧面;为前方安全气囊设计的新型智能碰撞感知器可探测到事故的严重程度,确保气囊及时打开。

奥迪 A4 第五代外观

奥迪 A4 第五代内饰

奥迪 A5

奥迪 A5（Audi A5）是德国奥迪汽车公司设计和制造的轿跑车，2007 年开始生产，2016 年推出第二代车型，官方指导价为 37.98 万～56.38 万元人民币。

基本参数（第二代）	
长度	4673 毫米
宽度	1846 毫米
高度	1371 毫米
轴距	2764 毫米
整备质量	1530 千克

外观内饰

奥迪 A5 前脸的特点可以用"坚定"来概括：车前脸的一体化格栅突出了奥迪的特点，直角形的前灯和宽大的进气口强化了奥迪 A5 车头轮廓的构造效果——宽阔大气。车尾部也同样如此：独特的水平线条和宽大、凸出的尾灯都似乎向外伸出，强化了奥迪 A5 的运动性。健硕的梯形 C 柱突出了车身的侧面线条。弯曲的轮拱轮廓延伸至宽阔的侧翼线条。奥迪对细节的精益求精在前灯上体现得尤其明显：精雕细刻出的完美造型充分体现了奥迪精确、先进的高技术工艺。日用车灯每侧由 8 个 LED 小灯组成，使奥迪 A5 的氙气大灯个性十足，易于辨认。

奥迪 A5 的内饰从设计到功能都体现了人体工学的要求，同时上乘的材料和奥迪高品质的制造工艺可让用户在车内体验到一种极其放松的氛围，即使是长途驾驶也不会感到疲劳——这是奥迪 A5 内饰的重要特征。整个驾驶室的设计焦点都集中到驾驶者身上，所有的仪表和中控台集成在一起。控制装置动感的造型、精确的工艺以及精巧的设计——这些都给人带来视觉上的美感和触觉上的快感。

性能特点

奥迪 A5 提供两款不同调校的 2.0 升涡轮增压发动机供用户选择。其中，低功率版发动机最大功率输出为 142 千瓦（190 马力），高功率版为 188 千瓦（252 马力）。在主动安全配置方面，奥迪 A5 全系车型均配备有基础的 ABS、EBD 等主动制动安全保护系统，为车辆在日常行车状态下的主动制动安全提供了保证。除此之外，ESP、ASR 等电子稳定程序为驾驶者操控车辆提供了充分的安全保护。测距式倒车雷达为全系标配，保证了倒车的安全性。

奥迪 A5 第二代外观

奥迪 A5 第二代内饰

奥迪 A6

奥迪 A6（Audi A6）是德国奥迪汽车公司设计和制造的 C 级轿车系列，1994 年开始生产，到 2020 年已经发展到第五代，官方指导价为 40.98 万～ 65.38 万元人民币。

基本参数（第五代）	
长度	4939 毫米
宽度	1886 毫米
高度	1457 毫米
轴距	2924 毫米
整备质量	1900 千克

外观内饰

奥迪 A6 第五代将前脸上原本被前保险杠分开的散热和进气格栅变成了一个完整的梯形格栅。这种奥迪家族最新成员的标志性前脸设计将复古、经典与现代、时尚有机地融为一体。尾部上方由圆润的流线型改为略微翘起的棱角，具有扰流板的功效，可使车辆在高速行驶时获得足够的抓地力，从而增强了高速行驶状态下车辆的操控性和安全性，同时也使尾部造型更显硬朗和运动化。

奥迪的内部风格一贯秉承形式与功能的完美统一，同时兼具温暖舒适的特点。而奥迪 A6 将这一切推向了更高的境界，体现出动感与完美的人体工学设计。在内饰方面，色彩和材料的和谐达到了浑然一体的状态，车厢内设计更具雕塑感，其华丽的材质、高贵的品位、和谐的色彩搭配和便捷的操作性再次显示了奥迪在车内设计方面的深厚功力。高而宽阔的中控台上，各种控制按钮和仪表设置都在驾驶者最佳的触及位置。

性能特点

奥迪 A6 拥有先进、丰富的发动机配置，其中 2.8 FSI 和 3.0 TFSI 两款高效汽油发动机堪称奥迪全球发动机战略中的新星。3.0 TFSI 发动机是奥迪 V6 发动机的最新顶级版本，汽油直喷和机械增压的完美结合使其具有超过 8 缸机的动力和极高的燃油效率。它能够输出 216 千瓦（290 马力）的最大功率和 420 牛·米的峰值扭矩，能够使奥迪 A6 在 6.6 秒内从静止加速到 100 公里/时。另一款奥迪全球领先的 2.8 FSI 发动机采用了创新的奥迪可变气门升程系统，油耗表现颇为出色。值得一提的是，作为旗舰车型，3.0 TFSI 标配可调空气悬架，可让驾驶者根据行驶速度和路况调节底盘系统特性，从而满足不同驾驶风格的需求。

奥迪 A6 第五代外观

奥迪 A6 第五代内饰

奥迪 A7

奥迪 A7（Audi A7）是德国奥迪汽车公司设计和制造的轿跑车，2010 年开始生产，2018 年推出第二代车型，官方指导价为 57.38 万～70.48 万元人民币。

基本参数（第二代）	
长度	4969 毫米
宽度	1926 毫米
高度	1422 毫米
轴距	2926 毫米
整备质量	1890 千克

外观内饰

奥迪 A7 在外观设计上力求简约而优美的风格，柔和整洁、富有张力的表面与性格鲜明的轮廓特征。车身造型整体感很强，各元素之间相互呼应；表面处理简洁、硬朗；线条运用精准、流畅，每一处都展现出融合科技与时尚的美学特性。车身侧部的两条贯穿于前后的特征线是奥迪 A7 的重要设计元素。一条特征线始于前大灯，穿过前翼子板、车门和后翼子板，轻轻地收于尾灯；另一条贯穿于车身裙部，并上挑与尾灯和尾部上沿衔接在一起。这两条均衡完美的弧线，以及侧窗下沿线上挑的造型，赋予车身运动、优雅和轻快的视觉感受。平缓延伸至尾部的车顶轮廓线使 C 柱与后备厢融合在一起，这条轮廓线到达尾部后几乎呈垂直状陡然向下，勾勒出干净利落的车尾线条。它不仅描绘出奥迪 A7 曼妙的身形，还充分体现了运动与优雅的主题。

奥迪 A7 的内饰设计在整体上偏重清新淡雅的色调与真实的质感。考究的大面积桃木装饰、金属质感装饰、钢琴漆面板均融汇于流动的线条与表面之中，营造出一种优雅、含蓄、富有内涵的氛围。其中独特的淡黄色线纹木饰源自豪华游艇的甲板木，赋予奥迪 A7 高贵典雅的特征。其细密的线条既加强了视觉延展性，又丰富了内饰的层次感。

性能特点

奥迪 A7 的三款 V6 汽油直喷发动机采用多项奥迪整车高效技术，除自动启动—停止系统外，奥迪创新的热能管理系统和能量回收系统也成为所有动力系统的标准装备。前驱车型按照惯例匹配模拟八速无级变速器,四驱车型搭配的七速双离合变速器强调运动性能,并经过深入改良,内部摩擦已大幅降低,高效特点十分突出。

  奥迪 A7 的入门级发动机是 2.5 FSI V6 可变气门自然吸气直喷发动机,最大功率 152 千瓦(204 马力),峰值扭矩 250 牛·米,0~100 公里/时加速时间 8.5 秒。2.8 FSI 发动机配有领先的奥迪可变气门升程系统,最大输出功率为 152 千瓦(204 马力),在每分钟 3000~5000 转的发动机转速区间内均能输出 280 牛·米的峰值扭矩。配备全时四轮驱动系统和双离合自动变速器的车型,0~100 公里/时加速时间仅需要 8.3 秒,极速可达 235 公里/时。另一台发动机是 3.0 TFSI,其油门响应迅猛,最大输出功率为 231 千瓦(310 马力),在 2900 转/分时便可获得 440 牛·米的峰值扭矩。在全时四轮驱动系统和双离合自动变速器的协同工作下,0~100 公里/时加速时间仅需 5.6 秒。

奥迪 A7 第二代外观

奥迪 A7 第二代内饰

奥迪 A8

奥迪 A8（Audi A8）是德国奥迪汽车公司设计和制造的 D 级轿车系列，1994 年开始生产，到 2020 年已经发展到第四代，官方指导价为 83.88 万～ 114.88 万元人民币。

基本参数（第四代）	
长度	5172 毫米
宽度	1945 毫米
高度	1485 毫米
轴距	2998 毫米
整备质量	1930 千克

外观内饰

奥迪 A8 第四代基于 MLB Evo 平台打造，外观方面采用了奥迪全新家族式的六边形进气格栅设计，平直的线条令新一代车型整体风格更加年轻化，格栅内采用多辐镀铬饰条装饰，以示家族旗舰身份，发动机盖隆起的线条也强调了新一代车型的肌肉感。运动和精致是新一代奥迪 A8 的关键元素之一，新一代车型腰线比前一代更显修长，结合 C 柱稍微倾斜的设计线条，新一代奥迪 A8 甚至给人一种双门轿跑的感觉。根据不同车型，新一代奥迪 A8 还提供矩阵式 LED 大灯以及 LED 大灯可选。该车采用贯穿式尾灯设计，尾灯光源采用 OLED，点亮效果极具识别度。

奥迪 A8 第四代搭载奥迪第二代虚拟座舱技术，没有采用以往常用的悬浮式中控屏设计。据奥迪设计师称，新一代车型简约的内饰设计还有利于营造车内大空间的感觉。新一代车型配备 12.5 英寸全液晶仪表盘，中控台配备 10.3 英寸多媒体中控屏，此外中控台控制区域则采用 7 英寸液晶显示屏整合多种控制功能。得益于采用黑色面板整合多媒体屏幕的设计，在新一代车型上并没有多少实体按键，进一步扩大了空间感。

性能特点

奥迪 A8 第四代是奥迪旗下首款搭载 48V 轻混动系统的车型。先期推出经过改进的 3.0 TFSI 汽油发动机以及 3.0 TDI 柴油发动机搭配电动机组成的混合动力可选。

其中3.0 TFSI V6汽油发动机最大功率254千瓦（340马力），峰值扭矩500牛·米；3.0 TDI V6柴油发动机最大功率为213千瓦（286马力），峰值扭矩600牛·米。传动方面，匹配八速自动变速箱，以及卡特罗四驱系统。

  奥迪A8第四代配备动态四轮转向系统，能根据不同的车速调整转向，令车辆操控更加平稳。另外，新一代车型还配备一套自适应空气悬挂系统，它可以根据不同的驾驶环境独立对每一个车轮进行调整，令车辆即使在颠簸的道路上还能保持平稳的姿态。另外，该系统还与奥迪安全预警系统相结合，万一安全预警系统检测到将发生碰撞时，悬挂系统也将采取相应的措施减轻驾乘人员可能受到的伤害。

奥迪A8第四代外观

奥迪A8第四代内饰

凯迪拉克 ATS

凯迪拉克 ATS（Cadillac ATS）是美国凯迪拉克汽车公司设计和制造的紧凑型豪华运动型轿车，在 2012—2019 年期间生产，官方指导价为 27.38 万～42.88 万元人民币。该车的主要竞争对手为宝马 3 系、梅赛德斯—奔驰 C 级以及奥迪 A4 等。

基本参数	
长度	4643 毫米
宽度	1806 毫米
高度	1420 毫米
轴距	2776 毫米
整备质量	1504 千克

外观内饰

凯迪拉克 ATS 拥有个性独立的设计特点。它身上没有所谓大尺寸格栅等被过度使用的元素，甚至镀铬装饰都不算特别多，对于一款美国车来说，这似乎有些不可思议，然而正是这种设计却使凯迪拉克 ATS 给人留下了深刻的印象，看似中庸但细品却非常个性。

凯迪拉克的工程师通过铝质发动机缸盖、镁质发动机支架、轻质化天然纤维车门内饰板的应用大大减轻了凯迪拉克 ATS 的总重量。后悬挂系统大多采用的是钢质材料，但工程师加强了载重管理，采用了优化设计，成功减轻重量，而且使凯迪拉克 ATS 车身前后的配重比达到了近 50∶50，确保了最佳的动态行驶性能和稳定性。

性能特点

凯迪拉克 ATS 是凯迪拉克公司旨在打造全球最佳豪华轿车，发力全球豪车市场的重要产品之一。基于全新轻量化后轮驱动平台、强劲的动力性能和出色的燃油经济性表现，凯迪拉克 ATS 运用全新方式诠释了凯迪拉克将艺术与科技完美融合的理念。轻量化设计可以提高凯迪拉克 ATS 的灵敏性和操控性，同时优化传动系统的性能和效率。凯迪拉克 ATS 共有三款发动机可供选择，包括 2.0 升涡轮增压发动机、2.5 升 I4 自然吸气发动机以及 3.6 升 V6 自然吸气发动机。与发动机匹配的是六速手动和六速自动变速箱。

凯迪拉克 ATS 外观

凯迪拉克 ATS 内饰

凯迪拉克 CTS

凯迪拉克 CTS（Cadillac CTS）是美国凯迪拉克汽车公司设计和制造的豪华运动型轿车，2002 年开始生产，到 2020 年已经发展到第三代，官方指导价为 35.8 万～51.8 万元人民币。

基本参数（第三代）	
长度	4966 毫米
宽度	1834 毫米
高度	1453 毫米
轴距	2911 毫米
整备质量	1640 千克

外观内饰

凯迪拉克 CTS 的外观设计极富美国风格，运用了许多凯迪拉克的经典设计语言，楔形车身轮廓鲜明，线条硬朗，车头较短，拥有钻石般的高贵质感，给人的整体感觉利落、流畅。座舱内折射出金属的光泽，触手可及的实木饰板，精致的珠宝式时尚钟表设计，共同营造出凯迪拉克 CTS 精致、豪华的座舱环境。在一次成形的中控台上部、仪表区上部和四门板上部，还采用了专业手工皮革包覆工艺，将先进的科技与专业技师高准确性的手工艺完美融合，提升了整体内饰的高贵和细腻感。中控台上，设有电动升降 8 英寸高清触摸显示屏。

性能特点

凯迪拉克 CTS 在美国素有"驾驶者之车"的美誉，这表明了其在操控和动力性能上的卓越。作为一款将动力性、操控性、舒适性充分结合的经典后驱轿车，凯迪拉克 CTS 体现了"艺术与科技"的完美融合。凯迪拉克工程师们优化了长短臂式独立前悬架和多联杆式后独立悬架的几何学构造，同时提供了三种调校模式，即标配于 2.8 升舒适版上的FE1悬挂，注重日常驾驶舒适性；标配于2.8升豪华版上的FE2悬挂带来了更多的运动感；而标配于两款3.6升车型上的FE3悬挂则注重高性能的运动表现。这三种悬挂系统，可满足不同消费者对乘坐舒适性和精准高性能操控的不同需求。

凯迪拉克CTS第三代外观

凯迪拉克CTS第三代内饰

凯迪拉克 XTS

凯迪拉克 XTS（Cadillac XTS）是美国凯迪拉克汽车公司设计和制造的豪华轿车，在 2012—2019 年期间生产，官方指导价为 29.99 万～ 56.99 万元人民币。

基本参数 (2012-2017 年)	
长度	5131 毫米
宽度	1852 毫米
高度	1501 毫米
轴距	2837 毫米
整备质量	1812 千克

外观内饰

凯迪拉克 XTS 基于通用全球中级豪华车平台打造，基本延续了概念车的设计风格，虽然硬朗的设计元素依然不少，但总体上时尚、年轻了不少。车身多处采用了镀铬装饰条，并且采用了大尺寸的镀铬铝合金轮毂设计。

凯迪拉克 XTS 内饰上也非常豪华，中控台采用木质材料，厂商的设计理念是尽量减少按键，让内饰不那么混乱。凯迪拉克 XTS 搭载了 CUE 车载信息娱乐系统，该系统的设备包括位于中控台上的 8 英寸显示屏、位于屏幕下方的控制面板以及方向盘的上控制按键等。CUE 具备多项业界领先，包括电容式触摸屏控制、接近感应和自然语音识别等。CUE 系统还独具 12.3 英寸可自定义仪表盘，驾驶者可选择四种主题，以生动鲜明的图形显示各种车辆信息。

性能特点

凯迪拉克 XTS 提供 2.0 升涡轮增压发动机和 3.6 升 V6 自然吸气发动机两种选择，后者最大功率可达 220 千瓦（295 马力）。全系车型都搭载六速手自一体变速箱，配合带有电子差速锁的四轮驱动系统。凯迪拉克 XTS 拥有多项领先科技，包括标准配备的全球响应最快的主动悬挂系统——电磁感应主动悬挂系统，以及一系列围绕驾驶安全的辅助科技。侧向盲区雷达监测系统可以帮助驾驶者"看到"后视镜盲区中的车辆，避免盲目变道发生危险。利用侧向盲区雷达监测系统的雷达传感器，当驾驶者倒车离开停车位时，如果后方道路上有来车，系统可以给予图标和声音提示，即使停车位有角度也同样有效。倒车影像辅助系统可以将后方影像呈现在显示屏上，并且具有动态指示线功能，使每一次倒车变得更轻松简单。

凯迪拉克 XTS 外观

凯迪拉克 XTS 内饰

凯迪拉克 STS

凯迪拉克 STS（Cadillac STS）是美国凯迪拉克汽车公司设计和制造的豪华高性能轿车，在 2004—2011 年期间生产，官方指导价为 33.08 万元人民币。

基本参数 (2005-2007 年)	
长度	4986 毫米
宽度	1844 毫米
高度	1463 毫米
轴距	2957 毫米
整备质量	1779 千克

外观内饰

凯迪拉克 STS 外观粗犷豪放，融合原创风格和时尚元素，颠覆了以往的经典豪华而显得个性张扬。无论其精准的车身设计、充沛的动力输出还是极尽豪华的制造工艺水平，凯迪拉克 STS 都凝聚了新时代美国汽车的精髓。

凯迪拉克 STS 以驾驶者为念，装配各式先进的高科技设备，例如"一键通"系统、智能遥控启动系统、巡航定速系统、智能照明系统等。值得一提的还有选配的升级版的信息娱乐系统，它包括环绕音效系统，车厢内共安装了 15 个内嵌式博士音箱。系统中还包括 8 英寸高清晰度触摸式屏幕以及先进的导航系统。

性能特点

凯迪拉克 STS 可选配搭载 190 千瓦（255 马力）3.6 升 V6 发动机，或 239 千瓦（320 马力）4.6 升 V8 北极星发动机，以及可输出 350 千瓦（469 马力）的 4.4 升 V8 机械增压发动机。除 3.6 升车型搭配五速手自一体变速箱外，其余车型均搭配六速手自一体变速箱。精准的底盘设计使其具有行驶和操控的精准平衡，既令驾驶者无须舍弃驾驭快感，又能使其他乘坐者同时享受舒适的乘车体验。通过行驶调整轮胎、悬挂系统以及其他改良的车体结构，凯迪拉克 STS 能够平稳通过崎岖路面。

2008年款凯迪拉克STS外观

2007年款凯迪拉克STS内饰

凯迪拉克 CT6

凯迪拉克 CT6（Cadillac CT6）是美国凯迪拉克汽车公司设计和制造的轿车，2016 年开始生产，官方指导价为 37.97 万～52.77 万元人民币。

基本参数	
长度	5182 毫米
宽度	1880 毫米
高度	1473 毫米
轴距	3109 毫米
整备质量	1663 千克

外观内饰

凯迪拉克 CT6 的外观借鉴了 Elmiraj 概念车的一些设计理念，采用了更为扁宽、层次感较强的盾形格栅，前大灯造型极具攻击性，加之凯迪拉克经典的钻石切割设计元素的融入，使凯迪拉克 CT6 的前脸看上去富有动感。凯迪拉克 CT6 的车身线条舒展，两条腰线配合设计，视觉上更具运动气息。凯迪拉克 CT6 车身框架的 64% 都是由铝合金材料进行打造，相比同款纯钢的车身要减轻 99 千克的重量。凯迪拉克还在车底加入了密闭设计的钢护板，从而提升了车辆的静谧性。

凯迪拉克 CT6 配备 10.2 英寸大尺寸 CUE 人机交互屏幕，拥有 1028×720 高素显示，而中央扶手上的控制台触摸板也可控制 CUE 各项功能。此外，凯迪拉克 CT6 还有无线手机充电、具有 Wi-Fi 热点的安吉星车载 4G LTE 系统。该车还使用了一套名为流媒体视频后视镜的技术，该后视镜采用了一个分辨率达到 1280×240 的 TFT-LCD 显示屏，外置后视摄像头对后方的情况进行拍摄并反馈到车内后视镜上，流媒体视频后视镜能够提升 3 倍的后方可视范围。

性能特点

凯迪拉克 CT6 搭载的是凯迪拉克新研发的 3.0 升双涡轮增压发动机，其最大功率为 298 千瓦（400 马力），峰值扭矩为 543 牛·米，新发动机具备气缸钝化技术（能够使两个气缸按需停止工作），再与启停技术配合，凯迪拉克称其燃油经济性将有进一步的提高。另外，还提供 250 千瓦（335 马力）的 3.6 升 V6 自然吸气发动机以及 198 千瓦（265 马力）的 2.0 升直列四缸涡轮增压发动机可选。传动方面，凯迪拉克 CT6 配备了凯迪拉克新研发的八速自动变速箱。

2019 年款凯迪拉克 CT6 外观

2019 年款凯迪拉克 CT6 内饰

林肯大陆

林肯大陆（Lincoln Continental）是美国林肯汽车公司设计和制造的轿车，1940年开始生产，到2020年已经发展到第十代，官方指导价为36.08万～55.58万元人民币。

基本参数（第十代）	
长度	5116毫米
宽度	1913毫米
高度	1486毫米
轴距	2995毫米
整备质量	1916千克

外观内饰

林肯大陆5米开外的车身长度，接近3米的轴距，与同级别车型相比并不逊色。该车的外观设计既延续了经典，同时又现代感十足。日间行车灯上方包含5组林肯车标样式的矩阵式LED大灯。一体式智能感应门把手与腰线融为一体。在车外只需轻触把手，车门即可轻松开启，而智能电吸门技术会令车门自动吸合，倍增仪式感。

在林肯大陆开阔、舒适的座舱空间中，前后排乘客都能享受到悉心关怀。主动噪音控制系统、声学降噪玻璃等一系列技术，令林肯大陆拥有出众的隔音降噪功能。前排座椅能根据驾驶者的体重、身形和偏好进行30向调节，并拥有座椅记忆、按摩、加热和通风功能。后排隐私玻璃、电动遮阳帘和总裁控制键等配置，大大提升了后排乘客的乘坐体验。乘客可通过后排中央控制台调整车内温度、影音娱乐系统和遮阳帘，并可通过控制键调整前排副驾驶座的位置。

性能特点

林肯大陆搭载了2.0升涡轮增压发动机与3.0升V6高性能双涡轮增压发动机，后者最大功率为282千瓦（378马力），峰值扭矩为570牛·米。传动方面，都匹配有六速自动变速箱。这种动力组合在提供强劲动力的同时，又可以带给驾驶者出色的驾驶体验。林肯大陆标配的自适应悬挂系统，可以实时监测车身、转向、加速和制动等状态，并以每秒500次的频率监测路面状况，以每秒100次的频率独立调节单个车轮的减震器，过滤路面不平或其他原因造成的颠簸，让旅程倍感舒适。

林肯大陆第十代外观

林肯大陆第十代内饰

林肯 MKZ

林肯 MKZ（Lincoln MKZ）是美国林肯汽车公司设计和制造的轿车，2005 年开始生产，2013 年推出第二代车型，官方指导价为 25.58 万～ 36.98 万元人民币。

基本参数（第二代）	
长度	4930 毫米
宽度	1864 毫米
高度	1476 毫米
轴距	2850 毫米
整备质量	1684 千克

外观内饰

林肯 MKZ 采用了与林肯大陆相同的家族式前脸设计，大面积镀铬网状格栅看上去更为大气上档次。另外，该车下进气格栅、雾灯区域以及前大灯组都有所升级，大灯组还采用了自适应 LED 大灯。尾部方面，林肯 MKZ 第二代与第一代基本相同，只是尾灯罩配色由透明色换为红色。内饰部分，林肯 MKZ 主要针对中控台设计进行细微修改，最大的区别在于新一代车型采用了实体空调控制按键，使用时更加方便。

性能特点

林肯 MKZ 全系车型采用区分高低功率的 2.0 升涡轮增压发动机，其中尊悦版、尊享版、尊雅版三个配置的车型为低功率版，最大功率为 149 千瓦（203 马力），最高配的尊耀版车型为高功率版，最大功率为 186 千瓦（253 马力），与发动机匹配的传动装置采用六速手自一体变速箱。配置方面，林肯 MKZ 全系车型标配了胎压监测、倒车影像、后泊车雷达、上坡辅助等功能。除此之外，还在高配车型上装备了自适应巡航、盲区监测、车道偏离警告系统、车道保持辅助系统等。

第 2 章 经典轿车

林肯MKZ第二代外观

林肯MKZ第二代内饰

克莱斯勒 300C

克莱斯勒 300C（Chrysler 300C）是美国克莱斯勒汽车公司设计和制造的轿车，2004 年开始生产，2011 年推出第二代车型，官方指导价为 30 万～ 50.9 万元人民币。

基本参数（第二代）	
长度	5044 毫米
宽度	1908 毫米
高度	1483 毫米
轴距	3053 毫米
整备质量	1849 千克

外观内饰

克莱斯勒 300C 的外观具有极高的第一眼辨识度，其中最令人瞩目的便是大胆前卫的前脸线条：全新七横辐设计的进气隔栅及克莱斯勒巨大的飞翼标志，兼具豪华与运动感；日间行车灯不仅科技感十足，而且使整车倍添神采。20 英寸铝合金轮毂，令整车外观看上去更显稳健扎实，同时更给克莱斯勒 300C 带来强大的气势。该车外观的设计不仅考虑独特的风格，更兼顾实际使用性能，嵌合式发动机罩盖设计使前脸造型更具整体感。游艇风格的尾部造型，微翘的整体式尾翼，在带来视觉美感的同时，更是提升了空气动力学性能。椭圆形镀铬双排气管，在使视觉体验更为精准的同时，也使排气管更好地固定在后保险杠上，减少了抖动，让行车更为平稳舒适。

从克莱斯勒 300C 采用意大利豪华真皮手工缝制内饰，原产自西班牙的高档纳帕全粒面真皮座椅，以及摩卡手工打磨实木嵌饰，无不呈现出可与高级跑车相媲美的豪华质感。实木嵌饰的表面经过精细的去光泽处理，更还原出木材天然去雕饰的美感。

性能特点

自第一台克莱斯勒 300C 问世以来，强劲动力一直是克莱斯勒 300C 系列车型的制胜利器。其首创的 HEMI V8 发动机，曾开创一个全新的高性能动力时代。而在涡轮增压发动机大行其道的今天,克莱斯勒仍选择将自然吸气发动机的优势和潜能发挥到极致。克莱斯勒 300C 搭载连续 3 年蝉联"世界十佳发动机"的 3.6 升 V6 发动机,最大功率 210 千瓦(282 马力),峰值扭矩为 340 牛·米。克莱斯勒 300C 采用 ZF 八速自动变速箱,在常规 D 档模式外,还提供了运动档(S 档)模式,以满足多样化的驾驶需求。

克莱斯勒 300C 第二代外观

克莱斯勒 300C 第二代内饰

沃尔沃 S60

沃尔沃 S60（Volvo S60）是瑞典沃尔沃汽车公司设计和制造的轿车，2000 年开始生产，到 2020 年已经发展到第三代，官方指导价为 28.69 万～37.99 万元人民币。

基本参数（第三代）	
长度	4761 毫米
宽度	1850 毫米
高度	1431 毫米
轴距	2872 毫米
整备质量	1680 千克

外观内饰

沃尔沃 S60 采用了双外观设计，分别是以亮银色风格为主的豪华版和以亮黑色风格为主的运动版，以满足不同消费者的个性化要求。沃尔沃 S60 第三代采用最新家族式设计，全 LED 光源的"雷神之锤"前大灯，两侧雾灯区增加了镀铬装饰。前脸设计展现出更多的棱角，视觉冲击力更强。内凹直瀑式进气格栅搭配悬浮 LOGO，再加上八字前保险杠，运动气息扑面而来。尾部的整体设计还是一贯的北欧风格。尾灯使用了全 LED 灯源，造型也是家族化的设计，"维京战斧"尾灯视觉效果醒目。保险杠底部采用双边共两出的尾排布局，提高了整车的运动气质。

内饰方面，沃尔沃 S60 秉持着设计三大原则，即比例、智能科技以及斯堪的纳维亚对豪华的诠释。大尺寸触控屏取代烦琐的物理按钮，中控台使用皮革包裹。竖屏加直瀑式的空调出风口，使中控区域显得饱满。整车内饰多处采用环保材料，配合清洁驾驶舱技术，使车内空气更加清新。中控面板均采用了仿皮面料的软性材质包裹，并且进行了环保处理。

性能特点

沃尔沃 S60 燃油版本均搭载一台涡轮增压发动机，分为 T3/T4/T5 三种调校。除了传统汽油动力车型外，还有两款搭载了混合动力的 T8 版车型。T3 版车型搭载

Drive-E T3 涡轮增压汽油发动机，最大功率 122 千瓦（163 马力），峰值扭矩 265 牛·米，0～100 公里/时加速时间为 8.9 秒。T4 版车型搭载 Drive-E T4 涡轮增压汽油发动机，最大功率达到 142 千瓦（190 马力），峰值扭矩 300 牛·米，0～100 公里/时加速时间为 7.7 秒。T5 版车型搭载 Drive-E T5 涡轮增压汽油发动机，最大功率达到 186 千瓦（250 马力），峰值扭矩 350 牛·米，0～100 公里/时加速时间为 6.5 秒。T8 E 驱混动车型搭载 Drive-E T8 双增压汽油发动机和电机组成的混动系统，系统综合最大功率达 291 千瓦（390 马力），系统综合峰值扭矩 640 牛·米，0～100 公里/时加速时间为 4.6 秒。各个车型标配八速手自一体变速箱，兼顾了平顺性与燃油经济性。

沃尔沃 S60 第三代外观

沃尔沃 S60 第三代内饰

沃尔沃 S90

沃尔沃 S90（Volvo S90）是瑞典沃尔沃汽车公司设计和制造的轿车，2016 年开始生产，官方指导价为 37.29 万～49.59 万元人民币。

基本参数	
长度	4963 毫米
宽度	1890 毫米
高度	1443 毫米
轴距	2941 毫米
整备质量	1800 千克

外观内饰

沃尔沃 S90 的前脸采用了辨识度颇高的家族式设计元素，直瀑式中网的前格栅配合"雷神之锤"全智能 LED 大灯，科技感十足。简约流畅的平直车身线条，显露出一种内敛之美。侧面线条笔直有力，凸显沃尔沃 S90 的硬朗格调。轮毂构型则塑造出一丝运动气息，配合 C 字形的北欧图腾式尾灯和充满立体雕塑感的车尾，让车辆的整体外观尽显自信、动感和领袖气质。内饰方面，真皮包裹、桃木及钢琴烤漆面板的中控台，整体排布颇有科技感，中央的大屏格外醒目。沃尔沃 S90 采用规整的装饰代替了复杂的设计，给人一种整洁之美。

性能特点

沃尔沃 S90 提供三种动力可选，T4 智行豪华版搭载 Drive-E T4 涡轮增压汽油发动机，最大功率为 142 千瓦（190 马力），峰值扭矩 300 牛·米。T5 版车型搭载 Drive-E T5 涡轮增压汽油发动机，最大功率达到 189 千瓦（254 马力），峰值扭矩 350 牛·米。T8 E 驱混动智雅版，其动力系统综合最大功率达到 304 千瓦（407 马力），峰值扭矩 640 牛·米，搭配八速自动变速箱，0～100 公里/时加速时间只需 4.9 秒。沃尔沃 S90 的领航辅助系统能够在拥堵路况下为驾驶者提供转向支持、车距保持和速度控制等辅助功能。

第2章 经典轿车

沃尔沃 S90 外观

沃尔沃 S90 内饰

捷豹 XJ

捷豹 XJ（Jaguar XJ）是英国捷豹汽车公司设计和制造的轿车，1968 年开始生产，到 2020 年已经发展到第四代，官方指导价为 88.8 万～106.8 万元人民币。

基本参数（第四代）	
长度	5123 毫米
宽度	1895 毫米
高度	1448 毫米
轴距	3033 毫米
整备质量	1796 千克

外观内饰

捷豹 XJ 宽阔且高身的腰线以及短捷有力的车尾赋予整体车型后缩之势，看起来充满肌肉与爆发力，富于动感。尾部造型设计独特，可以有效降低视觉重心，在一定程度上提升了车辆的安全感和稳重感。

捷豹 XJ 的内饰做工非常出色，突出了驾乘舒适性。后排头部和腿部有充足的活动空间。大气的中控台设计展现出了浓重的英式风格，虽然按键烦琐，却有很高的实用价值。座椅有两种皮质：真皮及软细纹真皮可供选择。真皮来自英国和意大利最优质的皮革供应商，手感柔软自然。选用皮革均经过一系列加工工序，加强了对皮革的保护，同时保持了其独特的美观效果和韵味。缝线都采用双针线缝，持久耐用。

性能特点

捷豹 XJ 主要有两种动力可选：第一种是 2.0 升 I4 涡轮增压汽油发动机，凭借多项创新技术的运用，在转速为 5500 转 / 分时功率可达到峰值 179 千瓦（240 马力），转速为 2000～4000 转 / 分时峰值扭矩为 340 牛·米，0～100 公里 / 时加速时间仅需 7.5 秒，最高车速为 241 公里 / 时；第二种是 3.0 升 V6 机械增压汽油发动机，最大输出功率254千瓦（340马力），峰值输出扭矩450牛·米，0～100公里/时加速时间仅需5.9秒，最高车速达到250公里/时。与发动机匹配的传动装置采用是八速自动变速箱，并搭配了自动启停系统。借助坚固的轻量化铝质车身，捷豹XJ灵活性出色，操控性能卓越。加之车辆上配备的各种预判系统和技术，捷豹XJ能够对不同路况及道路上的其他车辆迅速作出反应。

捷豹XJ第四代外观

捷豹XJ第四代内饰

捷豹 XE

捷豹 XE（Jaguar XE）是英国捷豹汽车公司设计和制造的轿车，2015 年开始生产，官方指导价为 35.88 万～43.68 万元人民币。

基本参数	
长度	4672 毫米
宽度	1850 毫米
高度	1416 毫米
轴距	2835 毫米
整备质量	1474 千克

外观内饰

捷豹 XE 将捷豹最具标志性的优美弧线设计，充满自信的姿态、十足的运动感和最新的技术革新进行了完美结合。整个车头看起来跟捷豹 XF 以及捷豹 XJ 都很相似，包括大灯样式、传统的四边形隔栅都给人一种熟悉的印象。同时其车身紧凑、动感，拥有相比一般三厢车更为流畅的车顶线条。该车的模块化车辆架构设计使其成为同级别车型中极少数使用高密度铝质单体壳式车身结构的车型，车身的 75% 都由轻型铝材构成。

性能特点

捷豹 XE 的入门级车型搭载捷豹新一代英吉尼斯系列的 2.0 升汽、柴油涡轮增压发动机。中档车型则搭载来自捷豹 F-Type 跑车上的两款不同动力调校的 3.0 升 V6 机械增压发动机。在捷豹 F-Type 上，其低功率版本最大功率为 254 千瓦（340 马力），高功率版本达到 284 千瓦（381 马力），搭载到捷豹 XE 上面之后其动力数据没有太大变化。捷豹 XE 的高性能车型搭载 5.0 升 V8 机械增压汽油发动机，最大功率为 373 千瓦（500 马力），最高车速可以达到 300 公里/时，拥有强劲的性能表现，同时环保表现也不错，每公里二氧化碳排放量不到 100 克。

捷豹 XE 外观

捷豹 XE 内饰

捷豹 XF

捷豹 XF（Jaguar XF）是英国捷豹汽车公司设计和制造的轿车，2007 年开始生产，2015 年推出第二代车型，官方指导价为 45.58 万～58.28 万元人民币。

基本参数（第二代）	
长度	4954 毫米
宽度	1880 毫米
高度	1457 毫米
轴距	2960 毫米
整备质量	1545 千克

外观内饰

捷豹 XF 的外观充满现代感：大气的前脸、流畅的车身线条，配以镶嵌在进气隔栅中间的豹头徽标，彰显了该车不凡的气势。捷豹 XF 精致的进气隔栅也是一件精美的艺术品，从正面看，隔栅的每个小网格都呈规则的菱形，而从侧面看，隔栅的排列倾斜成鱼鳞状。这种正面与侧面的视觉对比，是捷豹设计师从几何角度出发，经过反复测量而完成的。车身侧面，腰线逐渐升高，越高越圆滑，绕过高跷的后臀，整车线条在经过另一边的叶片后完整回归，组成了完整封闭的整车曲线。后尾部的设计让捷豹 XF 尽显"前压后翘"的动感姿态。

捷豹 XF 内部空间非常宽敞，可轻松容纳 5 名成年人，与外观风格相得益彰。捷豹 XF 内部空间采用符合人体工学的最优设计，专为满足驾驶者和乘客的需求而打造，既现代又奢华，令人赏心悦目。完美贴合身形的柔软真皮，经典实木饰板，镜面钢琴黑饰边及铝合金表面，带来顶级的舒适感和卓越品质。

性能特点

捷豹 XF 搭载了 2.0 升涡轮增压发动机和 3.0 升机械增压发动机，其中 2.0 升发动机最大功率为 179 千瓦（240 马力），峰值扭矩为 340 牛·米；3.0 升发动机最大功率为 254 千瓦（340 马力），峰值扭矩为 450 牛·米。全车系均配备八速手自一体变速器。该车配有循序式换挡系统，通过方向盘上的换挡拨片为驾驶者提供了一触式手动换挡功能。驾驶者可以选择 21 种变速模式，以使节气门进程和换挡策略与实际路况和驾驶环境相适应。

　　捷豹 XF 的整个车身都采用计算流体力学设计，风阻系数仅为 0.29。先进的符合空气动力学的设计可大大降低汽车风噪声，减少辅助燃油消耗并增强高速驾驶时的稳定性，当然其在通过优化牵引力和提升力确保驾驶平衡方面也非常出色。

捷豹 XF 第二代外观

捷豹 XF 第二代内饰

大众辉腾

大众辉腾(Volkswagen Phaeton)是德国大众汽车公司设计和制造的大型豪华轿车,在 2002—2016 年期间生产,官方指导价为 75.88 万~ 253.18 万元人民币。

基本参数(第四代)	
长度	5059 毫米
宽度	1903 毫米
高度	1450 毫米
轴距	2881 毫米
整备质量	2184 千克

外观内饰

大众辉腾外形较为保守,前后造型和大众帕萨特一脉相承,共用了很多设计元素,与其他大众车型也有很多相似之处。大众辉腾的进气格栅采用横向设计,与两侧的大灯连成一体。该车的进气格栅不像大众途观、大众帕萨特领驭那样采用多种材料来增加精致感,因为它并不需要,整个格栅已经使用了高级、精细的镀铬材料。前大灯下缘有一条由很多颗 LED 小灯组成的日间行车灯。值得一提的是,大众辉腾的雾灯也罕见地使用了 LED 技术。

五座椅配置是大众辉腾的标准装备,而四座椅(即带有两把单独的后座椅)则为选装。顶配车型的前排座椅采用 18 种调节方式的电动系统,以及记忆、空调和按摩等座椅功能。工程师对车辆后部也给予了特别的关注,后排靠外的两个乘客也可独立调节温度。各个独立温区的温度通过 7 个气流温度传感器来调节。后排空间的温度可以从前面或后面直接选择。另一个重要的特点就是,在任何情况下,车窗均可自动防起雾。

性能特点

大众辉腾的研发初衷是希望通过顶尖品质和手工工艺提升大众品牌的定位,摆脱中低档平民车的固化形象。该车和宾利欧陆 GT 系出同门,采用与宾利欧陆飞驰类似的底盘机械结构，顶级车型配备先进的 6.0 升 W12 发动机，最大输出功率高达 420 马力，峰值扭矩为 550 牛·米。顶级车型配备蒂普特罗尼克五速手/自动变速箱，通过方向盘上的手柄，标配的自动变速箱也可以手动操作。顶级车型还采用了四轮驱动技术，其优势主要体现在牵引力及道路行驶稳定性方面。尤其在负荷变化时，四轮驱动更是尽显卓越性能。

除 6.0 升发动机外，大众辉腾还有搭载 3.2 升 v6 发动机和 4.2 升 v8 发动机的车型，各个车型均使用带可调减震的空气悬架系统。与传统的钢制悬架系统相比，它具有众多的优势。空气悬架的水平高度调节系统具有硬度低、不受负载影响等特点，因此这种悬架配置的舒适性非常出色。另外，它不仅对行驶稳定性有着积极的作用，还可以在高速行驶时定量降低车身高度，这样既节省了燃油消耗，又可以降低翻车的风险。

大众辉昂

大众辉昂（Volkswagen Phideon）是德国大众汽车公司设计和制造的中大型豪华轿车，2016年开始生产，官方指导价为34万～63.9万元人民币。

基本参数	
长度	5074 毫米
宽度	1893 毫米
高度	1489 毫米
轴距	3009 毫米
整备质量	1815 千克

外观内饰

大众辉昂在外观设计上沿用了此前大众 C Coupe 概念车的设计思路，采用大众家族式的车头设计，前格栅与 LED 前大灯融为一体，并且向车身侧面延伸。侧面腰线贯穿于整个车身，并且延伸至尾灯上方。尾灯设计也极具看点，大众辉昂的尾灯采用双层设计，下层尾灯向内收缩，形成错落感。排气方面采用了双边双出四排气的方式，更能营造出运动气息。

内饰部分，大众辉昂的设计依旧是标准的大众风格，不过在配置方面则有比较突出的表现，配备了夜视系统以及抬头显示等科技配置，而且也配备了电动调节后排座椅，可实现独立的通风/加热功能。

性能特点

大众辉昂提供了多款汽、柴油发动机以及插电式混动系统，包括 2.0 升 I4 涡轮增压发动机和 3.0 升 V6 机械增压发动机，采用纵置结构，匹配七速自动变速箱。其中，3.0 升发动机最大功率为 223 千瓦（299 马力），峰值扭矩为 440 牛·米，零 0～100 公里/时加速时间仅需 6.3 秒，动力表现不俗。大众辉昂标配了全时四驱系统，并提供空气悬架系统，有五种驾驶模式可供选择。

第2章 经典轿车

大众辉昂外观

大众辉昂内饰

雷克萨斯 ES

雷克萨斯 ES（Lexus ES）是日本雷克萨斯汽车公司设计和制造的轿车，1989 年开始生产，到 2020 年已经发展到第七代，官方指导价为 29 万～ 48.3 万元人民币。

基本参数（第七代）	
长度	4960 毫米
宽度	1865 毫米
高度	1445 毫米
轴距	2870 毫米
整备质量	1655 千克

外观内饰

雷克萨斯 ES 前五代是以丰田凯美瑞作为开发平台，第六代和第七代改以尺码更大的丰田亚洲龙为基础设计。第七代延续了雷克萨斯全新家族式设计，锋锐动感的纺锤形格栅与醒目的 L 形 LED 日间行车灯共同勾勒出大气却不失动感的车头布局。车身侧面，干净流畅的腰线从车头延展至车尾，诠释出更为灵动的豪华风范。L 形组合式后灯和独特的排气管设计是车尾的点睛之笔，ES 250 和 ES 350 采用颇具动感的双排气管设计，ES 300H 的排气管则巧妙地隐藏在帷幔式后保险杠之下。

雷克萨斯 ES 的内饰设计汇聚前瞻科技以及顶级工匠技艺，天然木材及精致皮革呈现出精致迷人的色泽。简洁优雅的仪表板在水平方向往两侧延展，操作区与显示区分开设置，营造出开阔且具有安全感的驾驶舱空间。精致的白色 LED 车内氛围灯沿车门及中控台木饰下缘环绕内室，渲染出豪华而不失温馨的氛围。

性能特点

ES 250 及 ES 350 分别搭载先进的 2.5 升 3.5 升双顶置凸轮轴发动机，均配备双智能正时可变气门控制系统，最大输出功率分别为 135 千瓦（181 马力）及 204 千瓦（274 马力），并可获得 235 牛·米及 346 牛·米的峰值扭矩。ES 250 和 ES 350

均配备六速手自一体智能电子控制自动变速系统。ES 300H 配备了雷克萨斯第二代油电混合动力系统，2.5 升阿特金森循环发动机与电动机协同合作，可产生 151 千瓦（202 马力）的最大输出功率以及 213 牛·米峰值扭矩。ES 300H 配备先进的电子无级变速系统（ECVT），带来平顺流畅的驾驭体验。通过配备先进的动力系统，雷克萨斯 ES 以三种不同的模式可为驾驶者提供多样化的愉悦驾驶体验，即标准模式、运动模式和经济模式。ES 300H 更增加了纯电动模式的选择。

雷克萨斯 ES 第七代外观

雷克萨斯 ES 第七代内饰

雷克萨斯 LS

雷克萨斯 LS（Lexus LS）是日本雷克萨斯汽车公司设计和制造的轿车，1989 年开始生产，到 2020 年已经发展到第五代，官方指导价为 81.1 万～ 117.2 万元人民币。

基本参数（第五代）	
长度	5235 毫米
宽度	1900 毫米
高度	1450 毫米
轴距	3125 毫米
整备质量	2135 千克

外观内饰

雷克萨斯 LS 前四代的外观设计较为成熟内敛，第五代则采用了许多雷克萨斯 LF-FC 概念车上更为年轻化的设计，纺锤形水箱护罩具有独特的识别效果，错落交叉的格栅线条较为复杂，但又十分优雅。冷峻犀利的前大灯，再辅以造型霸气的前保险杠，有一种狰狞的冲击力。得益于采用轻量化材料的运用，使更修长的雷克萨斯 LS 第五代比前代更轻巧。

内饰方面，雷克萨斯 LS 第五代取消了中控台实体键，配有 12.3 英寸大液晶屏，以及方向盘后面的数字仪表盘，科技感十足。中控区的造型尤其值得一提，类似于古筝的琴弦，在木纹饰片的衬托下，很有古风古韵。

性能特点

雷克萨斯 LS 第五代换用了排量更小的 3.5 升 V6 双涡轮增压发动机，最大输出功率为 309 千瓦（415 马力），峰值扭矩 600 牛·米。与之匹配的传动装置是十速自动变速箱。在涡轮增压动力和密齿比变速箱的共同作用下，后驱版车型 0 ～ 100 公里 / 时加速时间仅需时 4.5 秒，明显优于前代的 5.7 秒。

雷克萨斯LS第五代配备了车辆动态整合管理系统，此系统整合控制了所有车辆动态系统（制动、转向、动力输出、悬挂阻尼等），以控制车辆的包含水平、横向和垂直移动，以及侧滑、侧倾和车头下沉/上抬等移动。这些移动的最佳化控制，有助于提升乘坐舒适性、动态循迹性、整体安全性，配合主动式防倾杆，以及配备四轮转向系统的智慧型动态操控系统，进一步强化了车辆的操控性能。

雷克萨斯LS第五代外观

雷克萨斯LS第五代内饰

雷克萨斯 GS

雷克萨斯 GS（Lexus GS）是日本雷克萨斯汽车公司设计和制造的轿车，1991 年开始生产，到 2020 年已经发展到第四代，官方指导价为 42.9 万～ 103.4 万元人民币。

基本参数（第四代）	
长度	4850 毫米
宽度	1840 毫米
高度	1455 毫米
轴距	2850 毫米
整备质量	1721 千克

外观内饰

雷克萨斯 GS 全部车型均采用了雷克萨斯标志性设计元素——纺锤形格栅，具有突破性意义的纺锤形格栅自然流畅地整合了上下两部分，呈现出动感与优雅兼具的独特魅力。通过在车架纵梁运用雷克萨斯首创的热压材料、并在车身大量运用高强度板材和铝材，雷克萨斯 GS 实现了高强度的轻量化车身，令整车重量减轻了 10%，在确保车身高刚性的同时，实现了车辆的低重量、低能耗。更低的前保险杠下缘空气动力学设计能减少车底气流量；后保险杠下段的 25°角，使车底气流平稳流向车后部，令车辆有更牢固的抓地性；而尾灯侧的导流片和后备厢位置的设计均有助于引导空气从车身上方流过。

性能特点

雷克萨斯 GS 有多种动力可选，包括 2.0 升 I4 汽油发动机、2.5 升 I4 汽油发动机、2.5 升 V6 汽油发动机、3.5 升 V6 汽油发动机、5.0 升 V8 汽油发动机等。全系配备六速手自一体电子控制自动变速系统，能够实现更快速的换挡操作、更及时的离合器锁止控制和降挡补油功能。与此同时，可为驾驶者提供包括标准、经济、运动及运动增强等在内的四种驾驶模式,配合换挡拨片等运动配置,实现或平稳,可营造出多种不同的驾驶感受。当调至运动及运动增强模式时,仪表盘的环境照明将变为红色,即刻点燃驾驶者的驾控激情。

  雷克萨斯 GS 全系配备雷克萨斯独创的车辆动态综合管理系统。该系统能够整合汽车稳定控制系统、牵引力控制系统、电子制动力分配系统等多项安全系统,并结合了电子节气门控制系统,实现转向系统、制动系统和动力系统的最优协同控制。

雷克萨斯 GS 第四代外观

雷克萨斯 GS 第四代内饰

雷克萨斯 RC

雷克萨斯 RC（Lexus RC）是日本雷克萨斯汽车公司设计和制造的中型豪华轿跑车，2014 年开始生产，官方指导价为 44.6 万～49.6 万元人民币。

基本参数	
长度	4695 毫米
宽度	1840 毫米
高度	1395 毫米
轴距	2730 毫米
整备质量	1695 千克

外观内饰

雷克萨斯 RC 的外观采用了雷克萨斯 LF-LC 和雷克萨斯 LF-CC 两款概念车的设计元素，而后车灯则和雷克萨斯 LF-Gh 概念车相似。内饰部分，与现行雷克萨斯 IS 大同小异，但在时钟的造型上做了少许改变，且在乘降门内侧增添了 LED 气氛灯，并导入了新一代的 Remote Touch 操控界面。

性能特点

雷克萨斯 RC 系列有四种动力可选，RC 200T 和 RC 300 搭载 2.0 升 I4 涡轮增压汽油发动机，RC 300H 搭载 2.5 升 I4 汽油发动机和电动机，RC 350 搭载 3.5 升 V6 汽油发动机，RC F 搭载 5.0 升 V8 汽油发动机。其中，RC F 是雷克萨斯继 IS F 和 LFA 所推出的一款雷克萨斯 F 系列的高性能车。其车身后方设有电动尾翼，在车速高于 80 公里/时会自动升起，且在车速低于 40 公里/时会自动收回。纯汽油车型采用八速自动变速箱，混动车型则采用无级自动变速器。该车可提供从容稳健的标准模式、低碳节能的经济模式和激情四射的运动模式，驾驶者只需轻拧旋钮，即可改变驾驶模式。

雷克萨斯RC外观

雷克萨斯RC内饰

雷克萨斯 LC

雷克萨斯 LC（Lexus LC）是日本雷克萨斯汽车公司设计和制造的前置后驱轿跑车，2017 年开始生产，官方指导价为 115.5 万～126.5 万元人民币。

基本参数	
长度	4760 毫米
宽度	1920 毫米
高度	1345 毫米
轴距	2870 毫米
整备质量	1931 千克

外观内饰

雷克萨斯 LC 延续了雷克萨斯研发 LFA 跑车时所积累的技术。从外观设计来看，雷克萨斯 LC 与欧系的简洁风格截然不同，讲究东方风格的雅致和韵律。刀锋式的 C 柱线条，彰显性感的流动身线。以战斗机发动机为灵感的后尾灯设计，锋芒毕露。部分车型配备主动式尾翼，增加下压力，在高速和弯道行驶中更具稳定性。

性能特点

雷克萨斯 LC 搭载 5 升 V8 汽油发动机，或者 3.5 升 V6 汽油发动机的多级全混动系统。汽油车型配置十速自动变速箱。混动车型搭载四速自动变速箱，可模拟十挡变速，让发动机始终保持在高效功率输出的转速区间，并提高发动机和电动机的综合功率。人工智能换挡控制带（Driver's Mind Index，DMI）可根据测量横纵向加速度轨迹，有预见性地判断驾驶者意图，让整个驾驭感受更加顺心应手。

雷克萨斯 LC 配备了预碰撞安全系统，该系统会实时探测并分析前方车辆，当系统判断有可能发生碰撞时，则会发出警报声，如果此时驾驶者施加制动，该系统会提供额外的制动力辅助刹车；若系统最终判断碰撞概率较高或碰撞不可避免时，则可主动制动以降低碰撞风险，极大限度地减轻撞击所造成的损伤。

雷克萨斯LC外观

雷克萨斯LC内饰

英菲尼迪 Q70

英菲尼迪 Q70（Infiniti Q70）是日本英菲尼迪汽车公司设计和制造的轿车，在 2013—2019 年期间生产，官方指导价为 38.18 万～43.98 万元人民币。

基本参数	
长度	4945 毫米
宽度	1845 毫米
高度	1509 毫米
轴距	2900 毫米
整备质量	1758 千克

外观内饰

英菲尼迪 Q70 采用家族式前脸设计，整体造型雍容沉稳。双拱形的前进气格栅以及水波纹的造型，颇具灵动气息。全系标配的 LED 大灯比传统的卤素灯要通亮不少，而且夜间视觉效果也显得更加高级。英菲尼迪旗下的大部分车型都有着非常流畅的侧面设计，Q70 也不例外，扁平修长的线条、圆滑外扩的轮拱使它颇具轿跑风情。Q70 的尾灯扁平犀利，中央的镀铬装饰条较粗壮，整个尾部极具高级感。Q70 采用了全黑的内饰配色，环绕式的中控台设计，配上银色装饰板和深色实木装饰，充满老派的豪华感。

英菲尼迪 Q70 外观

性能特点

英菲尼迪 Q70 搭载 VQ 系列的 V6 自然吸气发动机，排量有 2.5 升和 3.5 升两种，其中 2.5 升发动机最大功率为 163 千瓦（218 马力），峰值扭矩 253 牛·米。与发动机匹配的传动装置是七速手自一体变速器，带有自适应学习程序，能够感知驾驶者的操作习惯，并依此调整换挡动作，让具有不同驾驶习惯的人都能获得称心如意的动力输出和换挡平顺性。

英菲尼迪 Q70 内饰

讴歌 RLX

讴歌 RLX（Acura RLX）是日本讴歌汽车公司设计和制造的轿车，在 2012—2020 年期间生产，官方指导价为 85.8 万～109.8 万元人民币。

基本参数 (2018-2020 年)	
长度	5032 毫米
宽度	1890 毫米
高度	1465 毫米
轴距	2850 毫米
整备质量	1800 千克

外观内饰

与讴歌其他车型一样，讴歌 RLX 有一个五边形钻石中网，中间有一个巨大的品牌标志。黑色前裙与雾灯区域两侧的镀铬装饰有效提升了整体质感，丰富了运动化元素，符合时下主流审美情趣。雾灯内部采用了 LED 光源，无论是视觉效果还是光照范围均有出色表现。车身侧面的轮廓流畅自然，前翼子板律动的曲线与后方笔直的腰线相搭，营造出动感的同时又不失严肃，巧妙地将沉稳与时尚相结合。厚重的尾部则能彰显其大气、商务的一面，不规则的尾厢盖勾勒出与前中网相似的五边形钻石样式，获得了前后呼应的效果。两侧尾灯以镀铬装饰条相连，增加了视角宽度。

讴歌 RLX 有两种内饰风格可选，以米白为主调强调家用的时尚感，而以炫黑为主调则主推商务风。该车配备高效和厚实的声学挡风玻璃，使噪音和震动都进一步降低。前座安全带由电子控制收紧力度，正常行车时会提供较小的张力，提升舒适性；而发生碰击时，则会自动收紧以提供良好的保护。中置的液晶显示屏一分为二，位于中控台顶端的为导航屏，而位于其下方的触摸式液显屏，是操作全车舒适性和便利性可控项的中枢。

性能特点

讴歌 RLX 普通版搭载纯汽油动力，采用 3.5 升 V6 发动机，最大功率为 234 千瓦（314 马力），峰值扭矩为 369 牛·米。混动版在普通版的基础上增加了三台电动机，最大功率为280千瓦（375马力），峰值扭矩为609牛·米。普通版早期采用六速自动变速箱，后期改用十速自动变速箱。混动版则采用七速双离合变速箱，0～100公里/时加速时间仅需4.9秒。安全配置方面，配备了车道保持辅助、自适应巡航控制、碰撞缓解制动、正向碰撞警告、车道偏离、车道保持辅助、盲区辅助等。

讴歌RLX外观

讴歌RLX内饰

现代雅科仕

现代雅科仕（Hyundai Equus）是韩国现代汽车公司设计和制造的轿车，1999 年推出第一代车型，2009 年推出第二代车型，2016 年停产，官方指导价为 47.2 万～132 万元人民币。

基本参数（第二代）	
长度	5160 毫米
宽度	1900 毫米
高度	1495 毫米
轴距	3045 毫米
整备质量	1875 千克

外观内饰

现代雅科仕车身的线条轮廓设计像传统大型轿车般稳重朴实，尺寸较大的垂直型散热隔栅，稳定而又严肃，颇具权威感。前大灯采用 LED 日间行车灯加透镜灯组的组合。为了增加尾部的视觉效果，采用 LED 点式尾灯，视觉冲击力大为增强。内饰方面，现代雅科仕的前座拥有六向电动调节功能、座椅温控功能，以及手机免持听筒与耳机插孔等。三区独立恒温空调令驾驶座、副驾驶座、后排乘客可以单独控制自己区域的温度与风量。

性能特点

现代雅科仕有三种动力可选，入门车型搭载 3.8 升 V6 发动机，中端车型搭载 4.6 升 V8 发动机，高配车型搭载 5.0 升 V8 发动机。各个车型最初采用六速自动变速箱，2012 年开始改为八速自动变速箱。在车辆的主动安全保护方面，现代雅科仕配置了包裹式气囊设计，全车气囊、气帘共有 12 个，提供了可靠的安全豪华乘坐空间。该车的倒车雷达系语音兼画面双重提示系统，其摄像画面清晰明了，并有距离标段警示符号，为驾驶者泊车、倒车提供了安全保障。

现代雅科仕第二代外观

现代雅科仕第二代内饰

起亚 K9

起亚 K9（Kia K9）是韩国起亚汽车公司设计和制造的轿车，2012 年开始生产，到 2020 年已经发展到第二代，官方指导价为 55.8 万～ 75.88 万元人民币。

基本参数（第二代）	
长度	5120 毫米
宽度	1915 毫米
高度	1490 毫米
轴距	3105 毫米
整备质量	1915 千克

外观内饰

起亚 K9 采用了起亚家族化的虎啸式进气格栅，不同于其他 K 系列的是，作为更高级别的轿车，起亚 K9 的进气格栅内部采用了直瀑式的亮条以凸显车辆的华贵感。大灯造型在家族脸谱的架构下进行了重新设计，灯组内部结构更加复杂，而前保险杠上的雾灯和 LED 日间行驶灯结合为一体。起亚 K9 饱满的尾部造型，樱桃红色的尾灯拥有不错的可视度。

内饰方面，起亚 K9 突出了宽大和豪华感，空调控制面板中央的石英钟也是豪华车型的标志性设计。整个仪表都采用了全液晶显示的仪表。后排座位虽然并非完全的两个独立式座椅设计，但从其沙发式的内凹靠背也可以看出，基本没有考虑后排中部需要坐人的需求。后排中央的折叠扶手放倒后，除了储物格，还有强大的控制面板。能够对空调、音响，还有后排座椅的坐姿、加热、通风，以及遮阳帘进行全方位的调节。

性能特点

起亚 K9 有三种动力可选，3.8 升 V6 发动机的最大输出功率为 248 千瓦（333 马力），4.6 升 V8 发动机的最大输出功率为 287 千瓦（385 马力），高配车型则搭载 5.0 升 V8 发动机，最大输出功率为 320 千瓦（429 马力）。传动系统配置八速自动变速箱，超强的动力，可给驾驶者带来出色的急速体验。

起亚 K9 第二代外观

起亚 K9 第二代内饰

第 3 章

经典跑车

　　跑车是一种底盘低、线条流畅、动力突出的汽车,其最大特点是不断追求极限速度。跑车的目的在于"把赛车运动带入家庭生活",它的问世给很多痴迷于赛车运动的普通人提供了体验赛车手的机会,所以跑车可以理解为"赛车的民用版",富有运动性。

法拉利恩佐

法拉利恩佐（Ferrari Enzo）是意大利法拉利汽车公司设计和制造的中置后驱超级跑车，在2002—2004年期间生产，总产量为400辆。该车发布时的售价达到60万美元，如今二手车的价格已经超过150万美元。

基本参数	
长度	4702毫米
宽度	2035毫米
高度	1147毫米
轴距	2650毫米
整备质量	1480千克

外观内饰

法拉利恩佐的车体大量采用先进的复合材料，部分由碳纤维夹板以及蜂窝状铝材制成，这不仅保证了车壳的最小化重量，而且有利于外形的塑造，完美地将技术与风格糅合在一起。车头的进气口以及中央凸起的部分，完全是F1赛车车鼻的翻版。纵向的双氙前大头灯簇，也显示出与众不同的性格特征。车顶非常紧凑，平滑向后微缩，以达到出色的空气动力学要求。车尾没有采用尾翼，使整车看起来更加紧凑。蝶翼式的车门与车顶以及前挡泥板相连开合，这是基于人体工学的考虑：纵向上升可以使驾驶者更方便进入座椅，而车顶部分上升甚至可以让驾驶者从上方进入车内。

"纯粹以及强烈"是法拉利恩佐整个驾驶室的灵魂，多数仪器表面由碳纤维制造，车辆控制键都集成在方向盘上面，这个特点也是从F1赛车的方向盘上学来的。"赛车"座椅非常贴身，并富有支撑力。

性能特点

法拉利恩佐采用了大量F1赛车的技术，并配备F1赛车的顺序换挡变速箱和超大的碳纤陶瓷刹车碟。该车的动力源自一台12缸的自然吸气发动机，V形65度夹角结构，是一台参考了大量F1技术后，完全重新设计的发动机。该发动机（开发代号F140）的特性是 6.0 升排量，压缩比为 11.2，最大功率为 492 千瓦（660 马力），峰值扭矩 657 牛·米。法拉利恩佐的 0～100 公里/时加速时间为 3.65 秒，极速达到了 350 公里/时以上。

法拉利恩佐外观

法拉利恩佐内饰

法拉利 575M 马拉内罗

法拉利 575M 马拉内罗（Ferrari 575M Maranello）是意大利法拉利汽车公司设计和制造的前置后驱跑车，在 2002—2006 年期间生产，总产量为 2056 辆，官方指导价为 320 万元人民币。

基本参数	
长度	4550 毫米
宽度	2500 毫米
高度	1935 毫米
轴距	1277 毫米
整备质量	1853 千克

外观内饰

法拉利 575M 马拉内罗是法拉利 550 的继任者，成为法拉利前置发动机车型的新旗舰。它的流线型设计同样沿袭了法拉利 550 的主要特征。在原有基础上，原车的设计者马拉内罗对几个细节做了精妙的改进：发动机进气口和水箱形状有所改变；加入流动力学和空气动力学人身保护系统；前视灯体加入惰性气体氙，升级为黄、蓝、银三彩气源灯，并配以灰白合金轮圈和自动清洗器；车轮也利用空气动力学的前沿技术进行了改良。

内饰部分，最引人注目的是仪表板的变化，大型转速表被放在了车前中部。新型方向盘用皮革和铝材装饰，中间控制通道显得新颖有趣，有些开关被重新布置，6 向调节座椅也是新的。

性能特点

法拉利 575M 马拉内罗的"575"代表发动机排量从法拉利 550 的 5.5 升增加到 5.75 升。65°夹角 V12 发动机保留了原法拉利 550 动力装置的双顶置凸轮和全铝结构，加大了缸径和冲程。曲轴、活塞和气缸采用了全新的设计，新控制单元有更强的爆震感应能力，因此可适当提高压缩比。压缩比从 10.8 增加到 11。性能数据非常诱人，7250 转 / 分时功率为 384 千瓦（515 马力）；扭矩也有所升高，峰值扭矩在 5250 转 / 分时为 589 牛·米，直线转速为 7750 转 / 分。

第 3 章 经典跑车

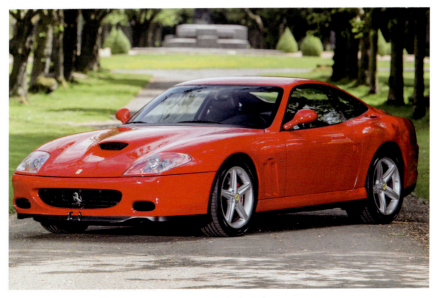

法拉利 575M 马拉内罗外观

法拉利 575M 马拉内罗内饰

法拉利 F430

法拉利 F430（Ferrari F430）是意大利法拉利汽车公司设计和制造的中置后驱跑车，在 2004—2009 年期间生产，官方指导价为 360.8 万～ 445.8 万元人民币。

基本参数	
长度	4511 毫米
宽度	1923 毫米
高度	1214 毫米
轴距	2601 毫米
整备质量	1517 千克

外观内饰

法拉利 F430 的车身前端有两个独特的进气口，可将空气引导至宽大的散热器，使大功率发动机得以冷却。两个进气口在较低边缘处通过一个扰流器连接在一起，将空气引导至扁平的车身底部。由于使用了双氙灯技术，法拉利 F430 的垂直重叠式前照灯极其简约紧凑。当车灯打开时，由于侧灯巧妙地融合在前照灯的外缘处，其独特形状使车身轮廓极其醒目，即使在夜里，也能立即将该车辨认出来。前轮正前方的大型通气孔用以引导空气排出散热器并沿车身侧面流动。

内饰方面，为了便于操作，设计师将所有主要控制装置都集中布置在驾驶者前面，各种仪表集中在仪表盘内。这种毫不妥协的设计理念同样体现在安装在方向盘上的起动按钮和驾驶模式选择开关上。

性能特点

法拉利 F430 由新型 4.3 升 V8 发动机驱动，该发动机使用法拉利传统的设计方式，具有一根平面型曲轴（曲柄之间的角度为 180°），最大功率为 380 千瓦（510 马力），0 ～ 100 公里 / 时加速时间仅需 3.6 秒，极速为 320 公里 / 时。

法拉利 F430 与众不同的一个技术特征是电子差速器。这种解决方案已经多年应用在 F1 单座赛车上，并且得到持续开发和改进，可以在极高的转向加速度下有效地将巨大的扭矩传递到赛道上。电子差速器是法拉利 F430 的标准装备——这是量产车辆首次配备这种先进的系统,以获得优异的道路操控性能。电子差速器能保证转向时获得最大的抓地力,消除了车轮空转。

法拉利 F430 外观

法拉利 F430 内饰

法拉利 612 斯卡列蒂

法拉利 612 斯卡列蒂（Ferrari 612 Scaglietti）是意大利法拉利汽车公司设计和制造的前置后驱跑车，在 2004—2011 年期间生产，总产量为 3025 辆，官方指导价为 569.8 万元人民币。

基本参数	
长度	4902 毫米
宽度	1957 毫米
高度	1344 毫米
轴距	2950 毫米
整备质量	1850 千克

外观内饰

法拉利 612 斯卡列蒂的前脸骨感十足，两侧高高隆起的鼻翼增加了车身前冲的气势，棱角分明的折线划过两翼的正中，通过前灯组与散热格栅边缘相接，形成一个明显的 U 形。橄榄形的前灯组镶嵌在两翼的前方，正中的凸起折线与前脸完全融为一体；修长的前脸拥有一道隆起，一直滑向车头；宽大的散热格栅位于保险杠正中。车身侧面的线条也非常具有冲击力，车门至前翼子板之间深深地凹入体内，而车尾部又夸张地将肌肉凸出体外，不仅立体感很强，而且符合空气动力学原理，使整个车身表露出强壮的体魄。

法拉利 612 斯卡列蒂驾驶室的设计颇具特色，采用富有高科技色彩的铝质饰板和手工制作的全纹皮革装饰，客户还可以按照自己的意愿进行全面的个性化定制。操控台凸凹分明的设计给视觉带来极强的冲击，5 个圆筒状空调出风口凸出在操控台外表，左右各一个，中控台上方并排 3 个。中控台的设计简洁大方，采用黑色面板，上方装有 6 碟 CD，下方是自动空调。仪表盘也显得比较简洁。

性能特点

法拉利 612 斯卡列蒂是法拉利车型阵营中为数不多的前置后驱并且可以乘坐 4 人的 V12 跑车，继承了法拉利悠久的 2+2 座跑车传统。该车配备了排量为 5.7 升的

65°V12 发动机，当转速为 7250 转 / 分时，可以爆发出 403 千瓦（540 马力）的功率。发动机由博世莫特朗尼克 ME7 电子控制单元进行控制，设计师对动态操纵性进行了细致入微的研究，使车辆的回应格外迅捷和平顺，从而可以轻松适应各种驾驶条件。

法拉利 612 斯卡列蒂外观

法拉利 612 斯卡列蒂内饰

法拉利 599 GTB 费奥拉诺

法拉利 599 GTB 费奥拉诺（Ferrari 599 GTB Fiorano）是意大利法拉利汽车公司设计和制造的前置后驱跑车，在 2006—2012 年期间生产，官方指导价为 492.8 万元人民币。

基本参数	
长度	4665 毫米
宽度	1962 毫米
高度	1336 毫米
轴距	2750 毫米
整备质量	1793 千克

外观内饰

法拉利 599 GTB 费奥拉诺的车身表面力度十足。醒目的前部进气口两侧是两个刻意安排的排气口。发动机盖上面有一道凸起，暗示着隐藏在它下面的是动力强大的 V12 发动机，它的旁边是两个热空气扩散器，为发动机盖平添了一丝轻快的韵味。镶着奔腾的野马标志的井字形水箱护罩上还特别进行了镀铬处理，让它从前面看时不仅高雅，同时还具有咄咄逼人的气势。前轮拱板上的通风口一直延伸到门柱后方，描绘出上升的线条和强健的造型效果。后轮拱板从车身侧面略微向外凸出，如同运动员身上隆起的肌肉，凸显了力量感。

法拉利 599 GTB 费奥拉诺的内部设计将纯种法拉利跑车的运动风格、精致的细节和个性化定制项目结合在一起。流畅的造型和宽敞的空间为驾驶者营造出十足的运动感。仪表盘读数非常清晰，红、黑、白三色搭配一目了然。

性能特点

法拉利 599 GTB 费奥拉诺搭载的 6 升 V12 发动机是在法拉利恩佐发动机的基础上开发而来，排量为 6 升，最大功率为 462 千瓦（620 马力），峰值扭矩高达 608 牛·米，发动机的极限转速为 8400 转/分，配上全铝制造的底盘，使重量功率比小于 2.6 千克/马力。采用 F1-SuperFast 变速箱,换挡时间只有 100 毫秒;F1-Trac 系统可以对牵引力进行优化控制。这两项装备都是第一次应用在公路版跑车上。法拉利 599 GTB 费奥拉诺 0～100 公里/时加速时间仅需 3.7 秒,最高车速达到 330 公里/时。

法拉利 599 GTB 费奥拉诺外观

法拉利 599 GTB 费奥拉诺内饰

法拉利 458 意大利

法拉利 458 意大利（Ferrari 458 Italia）是意大利法拉利汽车公司设计和制造的中置后驱跑车，在 2009—2015 年期间生产，官方指导价为 388 万～558.8 万元人民币。

基本参数	
长度	4527 毫米
宽度	1937 毫米
高度	1213 毫米
轴距	2650 毫米
整备质量	1565 千克

外观内饰

与同时期的法拉利新车一样，法拉利 458 意大利也是出自意大利著名的宾尼法利纳汽车设计工作室，但它的整体造型却完全颠覆了过去法拉利跑车给人的既有印象，充满了未来感，尤其是车头那两道如利刃般、截然不同于传统超跑设计的直列式 LED 头灯组。两侧进气坝还设计了小型气动弹性效应风翼，可利用精密的空气力学设计，让飞翼仅靠风动的物理特性就能改变角度。至于车尾的设计，则是向经典法拉利致敬，两侧刻意隆起的尾灯来自法拉利恩佐，三出式排气尾管则是来自法拉利 F40。

为了让驾驶者的双手可以完全专心在方向盘的操作上，法拉利 458 意大利所有按键与操作旋钮不是设计在方向盘上，就是离方向盘很近，只需稍微把手伸直就可以操作。这种设计方式不但能提升行车的安全性，也能让驾驶者更专心于应付复杂路况。

性能特点

法拉利 458 搭载了法拉利发动机团队全新开发的 4.5 升 90°夹角 V8 发动机，是法拉利首款缸内直喷中置 V8 发动机，具备 12.51 高压缩比的赛车发动机特征，可输出最大功率 425 千瓦（570 马力）与 540 牛·米峰值扭矩。变速箱方面，更加流行的七速双离合取代了原来的序列变速器，毋庸置疑，这样的变化在换挡平顺性、燃油经济性和排放水平上都有所体现。法拉利 458 意大利比法拉利 F430 更轻，换挡更快，0～100 公里/时加速时间仅需 3.4 秒。

法拉利 458 意大利外观

法拉利 458 意大利内饰

法拉利 FF

法拉利 FF（Ferrari FF）是意大利法拉利汽车公司设计和制造的前置四驱跑车，在 2011—2016 年期间生产，总产量为 2291 辆，官方指导价为 530.8 万元人民币。

基本参数	
长度	4907 毫米
宽度	1953 毫米
高度	1379 毫米
轴距	2990 毫米
整备质量	1880 千克

外观内饰

法拉利 FF 是法拉利家族中车身尺寸较大的车型，在车身空间上具有一定的优势。作为法拉利 612 斯卡列蒂的继任者，除了憨态的大嘴以外，法拉利 FF 的外观和法拉利 612 斯拉列蒂没有太多相像之处。法拉利 FF 前脸的设计比较彪悍，在设计上以猎装车掀背风格为主，并加入更多凌厉的线条。法拉利 FF 的前脸与法拉利 458 意大利密不可分，如采用镀铬装饰的 U 形大嘴，还有 L 形犀利深邃的头灯等。法拉利 FF 车身侧面的线条比较繁复，却与整车外形很好地融合。车身尾部，后轮翼子板强势凸出，导流槽的轮廓充满侵略性，整体的肌肉感更为强烈。但是掀背设计风格的尾部线条较为复杂，而且有一定的臃肿感。

法拉利 FF 是一款非常舒适且极具吸引力的车型，从头到尾都散发着优雅的气质，每一处细节及装饰都体现出与众不同的精致和尊贵，其座舱也洋溢着独特的魅力。法拉利 FF 提供了同类车型中极佳的驾乘感和舒适度，这得益于其能够确保四个驾乘位都具备相同驾驶感受和车内设备操作性的四个包裹性极佳的座位。

性能特点

法拉利 FF 是法拉利推出的性能较强、功能较全的四座跑车，也是法拉利历史上第一款四轮驱动跑车。该车搭载了法拉利新研发的 6.3 升 V12 发动机，配备七速双离合变速箱。这款发动机在转速为 8000 转 / 分时可输出 491 千瓦（659 马力）的最大功率，在转速为 5000 转 / 分时可达到 683 牛·米的峰值扭矩。法拉利 FF 0～100 公里 / 时加速时间仅需 3.7 秒，耗时比法拉利 612 斯卡列蒂缩短了 0.4 秒。

法拉利 FF 外观

法拉利 FF 内饰

法拉利 F12 伯林尼塔

法拉利 F12 伯林尼塔（Ferrari F12 Berlinetta）是意大利法拉利汽车公司设计和制造的前置后驱跑车，在 2012—2017 年期间生产，官方指导价为 530.8 万元人民币。

基本参数	
长度	4618 毫米
宽度	1942 毫米
高度	1273 毫米
轴距	2720 毫米
整备质量	1791 千克

外观内饰

法拉利 F12 伯林尼塔的造型设计由法拉利造型中心与宾尼法利纳联手打造，线条流畅而不乏野性。无与伦比的空气动力学特性与和谐优雅的车身比例在法拉利 F12 伯林尼塔身上得到完美糅合，彰显了法拉利 V12 前置发动机车型的独特气质。

在法拉利 F12 伯林尼塔紧凑的外部尺寸之下，车内空间异常宽大，舒适度极高。全新的弗洛皮革内饰让先进技术和精致的手工艺细节相得益彰。呈倾斜设计的锃亮仪表盘中间设有全新的碳纤维铝质气孔，灵感来源于航空工业设计。人机操控界面将主要控制装置都集中在驾驶者触手可及之处，通过尽善尽美的人体工学设计实现人车一体的完美驾驶体验。车座后方拥有更大容量的行李厢，乘客可以透过后挡板上的独特设计轻松布置这个行李空间。

性能特点

法拉利 F12 伯林尼塔搭载 6.3 升 V12 发动机和七速双离合变速箱，加速只需 3.1 秒恢复该款车曾在费奥拉诺赛道创造了法拉利所有公路跑车中的最佳成绩，单圈时间仅为 1 分 23 秒。灵敏的转向、更小的方向盘角度和更优异的转弯性能确保该款车出色的性能标准和极佳的驾乘体验，同时制动距离也大幅缩短。

第3章 经典跑车

法拉利 F12 伯林尼塔外观

法拉利 F12 伯林尼塔内饰

法拉利拉法

法拉利拉法（Ferrari LaFerrari）是意大利法拉利汽车公司设计和制造的中置后驱超级跑车，为法拉利恩佐的继任者。该车在 2013—2018 年期间生产，总产量为 710 辆，官方指导价为 2250 万元人民币。

基本参数	
长度	4702 毫米
宽度	1992 毫米
高度	1116 毫米
轴距	2650 毫米
整备质量	1585 千克

外观内饰

法拉利拉法的车身架构在设计初期就给法拉利设计团队带来了挑战。当时的目标是在采用体积庞大的混合动力系统的前提下，实现理想的重量分布（59% 的重量分布在后部）以及紧凑的轴距。最终结果正是所有重量集中于车辆前后轴之间并尽可能地降低车身重心（较原设计降低了 35 毫米），从而保证了前所未有的空气动力效率以及紧凑而舒适的尺寸。驾驶舱的布局在这方面起到了非常重要的作用。固定式座椅经过特别定制，踏板区和方向盘均可调节。驾驶位置类似于单座赛车。底盘采用了四种以上不同类别的碳纤维，全部手工层压处理并由赛车部门采用与 F1 赛车相同的设计和生产工艺高压铸造。

法拉利拉法配备全新设计的方向盘，集成了各种主要功能，换挡拨片更长、更符合人体工学原理。独具特色的排挡座采用优美的悬挂翼式外观设计，其上排列着各种 F1 变速箱控制功能。整体内饰给人强烈的赛道气息，充满急速狂飙的魅力。

性能特点

法拉利拉法拥有超凡极致的性能表现、空气动力效率以及操控性，为超级跑车树立了新的标杆。该车采用被称为 HY-KERS 的混合动力系统，一台 6.3 升 V12 自然吸气发动机可输出 596 千瓦（799 马力）的最大功率，电动机独立输出 122 千瓦（163 马力），使法拉利拉法的联合输出功率高达 717 千瓦（962 马力）。该车配备动态车辆控制系统,这是该系统首次与主动式空气动力学设计和 HY-KERS 系统同时整合在一款公路跑车上。法拉利拉法 0～100 公里/时加速时间小于 3 秒,而加速至 300 公里/时更只需 15 秒,极速高达 350 公里/时。

法拉利拉法外观

法拉利拉法内饰

法拉利加利福尼亚

法拉利加利福尼亚（Ferrari California）是意大利法拉利汽车公司设计和制造的中置后驱跑车，在2008—2017年期间生产，官方指导价为308.8万～352.8万元人民币。

基本参数	
长度	4563 毫米
宽度	1902 毫米
高度	1308 毫米
轴距	2670 毫米
整备质量	1735 千克

外观内饰

法拉利加利福尼亚的原型车是1957年生产的法拉利250GT加利福尼亚，虽然看上去更为紧凑的造型减少了些许侵略性，但优美的线条依旧散发着浓厚的法拉利气息。该车在很多地方都借鉴了法拉利250 GT加利福尼亚的经典设计经验，例如：极具视觉冲击力的车身线条，发动机盖上的进气口，被广泛应用的中网以及同样造型别致的鲨鱼鳃式设计。法拉利加利福尼亚造型上最大的亮点还是可折叠金属车顶，以铝板制成的车顶在14秒内便可以完成硬顶与敞篷的开合。车身尾部在细节上有了不小的变化，传统的四圆灯被尺寸更大的双圆灯取代，而且位置更靠上。

全真皮包裹的内饰给法拉利加利福尼亚带来了久违的豪华感。经典的三辐方向盘，位置独特的喇叭按钮，以及方向盘上的模式控制按钮，清晰简单的操控按钮散发出源自骨子里的运动气息。中控台上的新型信息娱乐系统拥有6.5英寸触摸屏，集成了卫星导航、USB接口、蓝牙、硬盘、语音控制和iPod等接口。

性能特点

法拉利加利福尼亚采用中前置3.8升V8双涡轮增压发动机，最大输出功率为418千瓦（560马力），峰值扭矩755牛·米，0～100公里/时加速时间仅为3.6秒，最高车速则达到315公里/时。该车采用了法拉利全新打造的"高性能低排放"

(HELE)系统。该系统集成了启/停技术、智能发动机风扇与燃油泵控制技术、电子控制可变排量空调技术,以及为满足不同驾驶习惯而配备的换挡模式。得益于上述改进,发动机在正常行驶条件下能够额外获得 25 牛·米的扭矩,官方的公里油耗为 13.1 升,二氧化碳排放量为 270 克/公里。

法拉利加利福尼亚外观

法拉利加利福尼亚内饰

法拉利 488

法拉利 488（Ferrari 488）是意大利法拉利汽车公司设计和制造的中置后驱跑车，在 2015—2019 年期间生产，官方指导价为 408 万～449.9 万元人民币。

基本参数	
长度	4568 毫米
宽度	1952 毫米
高度	1213 毫米
轴距	2650 毫米
整备质量	1470 千克

外观内饰

法拉利 488 的外观时尚前卫，前脸采用双竖条的设计，两侧带有蜂窝式的格栅造型，前大灯非常精致。车身侧面腰线很立体，肌肉感很强，五辐轮毂搭配黄色的刹车钳，极富运动气息。狭长的侧进气口也颇有运动感，座舱后方带有隆起的设计。尾部两侧是圆形的尾灯造型，下方是巨大的运动扩散器。

法拉利 488 的内饰使用了大量真皮材料，整个中控台操作区域都围绕驾驶者展开，并有一个高度集成车辆功能的方向盘，看起来非常实用并且富有科技感。这些设计都为驾驶者服务，能够让驾驶者集中全部精力，享受驾驶的乐趣。

性能特点

法拉利 488 搭载 3.9 升 V8 双涡轮增压发动机，满足了高速运动的需要。相较法拉利 458 的自然进气发动机，法拉利 488 的发动机排量更小，但是功率更大。根据调校不同，低功率版可以爆发出 500 千瓦（670 马力），高功率版更可以爆发出惊人的 537 千瓦（720 马力），搭配七速双离合变速箱，极快的换挡速度和惊人的扭矩，可以让法拉利 488 0～100 公里/时加速时间缩短至 3 秒内。

第3章 经典跑车

法拉利 488 外观

法拉利 488 内饰

法拉利 GTC4 罗丝欧

基本参数	
长度	4922 毫米
宽度	1980 毫米
高度	1383 毫米
轴距	2990 毫米
整备质量	1790 千克

法拉利 GTC4 罗丝欧（Ferrari GTC4 Lusso）是意大利法拉利汽车公司设计和制造的前置四驱跑车，2016 年开始生产，官方指导价为 314.5 万～ 473.2 万元人民币。

外观内饰

法拉利 GTC4 罗斯欧是法拉利 FF 的替代车型，不仅外观设计有所改进，还在配置以及动力方面有所升级。该车的名称是向法拉利 330 GTC 等经典法拉利 2+2 跑车致敬，当中的数字 4 则代表了四座设计。法拉利 GTC4 罗斯欧的前脸采用大嘴式的格栅设计，前大灯线条也进行了一些调整。此外，尾灯回归四圆灯设计，再现法拉利经典元素。

内饰部分，法拉利 GTC4 罗斯欧除了保留法拉利 FF 的方向盘和仪表盘设计之外，内饰部分的其他细节均采用全新造型，10.25 英寸液晶显示屏增添了车内的科技感，中控台部分功能按键和空调出风口造型均有变化。

性能特点

法拉利 GTC4 罗斯欧仍然搭载 6.3 升 V12 发动机，不过经过调校之后，发动机的最大输出功率提升到 514 千瓦（689 马力），峰值扭矩达到 697 牛·米，相比法拉利 FF 的最大功率和峰值扭矩提高了 24 千瓦（30 马力）和 14 牛·米。法拉利 GTC4 0 ～ 100 公里 / 时罗斯欧加速时间仅需 3.4 秒，相比法拉利 FF 缩短了 0.3 秒，最高车速为 335 公里 / 时。除此之外，法拉利 GTC4 罗斯欧仍然使用 4RM 四驱系统，不过相比法拉利 FF，法拉利 GTC4 罗斯欧新增了后轮转向技术。

第 3 章 经典跑车

法拉利 GTC4 罗丝欧外观

法拉利 GTC4 罗丝欧内饰

法拉利 812 超高速

法拉利 812 超高速（Ferrari 812 Superfast）是意大利法拉利汽车公司设计和制造的前置后驱跑车，2017年开始生产，官方指导价为 485.9 万～530 万元人民币。

基本参数	
长度	4657 毫米
宽度	1971 毫米
高度	1276 毫米
轴距	2720 毫米
整备质量	1744 千克

外观内饰

法拉利 812 柏林尼塔是法拉利 F12 柏林尼塔的后继车型，由法拉利设计中心团队打造，外观方面采用了新的设计技术，大灯如倒置的水滴，前进气格栅变为大嘴造型。车身侧面线条较法拉利 F12 柏林尼塔更加流畅，前保险杠侧面、前翼子板及后翼子板上侧均设计有气流通道来引导气流。法拉利 812 柏林尼塔极其重视空气动力学设计，在车身底部前侧安装了的主动式翼片，尾翼则通过空气动力分流增加了下压力。车尾向上翘起，侧面采用了溜背的造型，尾部线条向前收紧使车尾看起来更加精悍。尾灯采用了经典的四圆灯设计，横向的布局使尾部视觉重心更低。

法拉利 812 柏林尼塔座舱内的设计变得更加精致，虽不似法拉利 GTC4 罗斯欧那样向豪华靠拢，大尺寸中控屏也并未出现，但悬浮式的设计让车内显得前卫、运动。法拉利 812 柏林尼塔配备了更符合人体工学原理且更具运动感的新型座椅，同时配备了全新的 HMI 人机界面，采用了全新的方向盘和仪表板以及最新的信息娱乐系统及空调设备。

性能特点

法拉利 812 柏林尼塔搭载一台 6.5 升 V12 自然吸气发动机，最大功率 588 千瓦

800马力柏林尼塔,峰值扭矩718牛·米。与之匹配的双离合变速箱拥有特定的齿轮比,升、降换挡速度更快,油门响应更加灵敏。该款车0～100公里/时加速小时仅需2.9秒,极速超过340公里/时。法拉利812超高速是法拉利旗下首款配备了电动助力转向系统的车型,并搭载了最新5.0版的侧滑角控制系统以及虚拟短轴距系统,在满足激情的驾驶体验的同时也更易于操控。

法拉利812超高速外观

法拉利812超高速内饰

法拉利波托菲诺

法拉利波托菲诺（Ferrari Portofino）是意大利法拉利汽车公司设计和制造的前置后驱跑车，2017年开始生产，官方指导价为263.8万元人民币。

基本参数	
长度	4586 毫米
宽度	1938 毫米
高度	1318 毫米
轴距	2670 毫米
整备质量	1664 千克

外观内饰

法拉利波托菲诺是法拉利加利福尼亚的继任者，沿用了后者的基本车身架构，包括可折叠硬顶敞篷的设定也没有改变。不过，法拉利波托菲诺的底盘得到了优化，不仅仅抗扭转强度有所提升，重量也较法拉利加利福尼亚有显著的降低。外观设计上，法拉利波托菲诺依然遵循法拉利一直以来集艺术与功能于一体的做法，让车辆同时拥有出色的空气动力学效果，以及让人欲罢不能的外观。例如叶子板侧面的通风口，装饰作用一流，但其与隐藏在大灯两旁的进气口连通，能极好地疏导前轮拱内的乱流，大大减低风阻。

内饰方面，法拉利波托菲诺对豪华和舒适的追求绝不亚于法拉利加利福尼亚，包括18向电动真皮座椅和10.2英寸大屏车载系统的设计，都能让用户获得更佳的驾乘体验。

性能特点

法拉利波托菲诺搭载3.9升V8双涡轮增压发动机，最大功率为456千瓦（612马力），峰值扭矩760牛·米。与之匹配的是八速双离合器变速箱，有效提高了传动效率。发动机以及变速箱的提升，使法拉利波托菲诺0～100公里/时加速时间少于3.5秒，最高车速达320公里/时。为了让增加的动力不至于反而为驾驶者带来麻烦，法拉利波托菲诺首次搭载了E-Diff第三代电子差速器，以及F1-Trac牵引力控制系统。

法拉利波托菲诺外观

法拉利波托菲诺内饰

法拉利蒙扎 SP

法拉利蒙扎 SP（Ferrari Monza SP）是意大利法拉利汽车公司设计和制造的前置后驱跑车，分为单座款（蒙扎 SP1）和双座款（蒙扎 SP2），2019 年开始生产，售价约 250 万美元（约合 1700 万元人民币）。

基本参数（Monza SP2）	
长度	4657 毫米
宽度	1996 毫米
高度	1155 毫米
轴距	2720 毫米
整备质量	1520 千克

外观内饰

法拉利设计中心的设计师赋予法拉利蒙扎 SP 纯粹的造型风格及优雅极简的车身轮廓，完全还原设计稿中每一处线条。车辆摒弃了新款法拉利赛车犀利张扬的造型，转而采用更为简洁流畅的线条。与 F1 赛车极其相似的是，法拉利蒙扎 SP 没有挡风玻璃，而是采用了虚拟挡风板的设计，通过两个栅栏，给导流通道的中央通道和外部通道造成气压变化，从而减小了围绕在驾驶者的低速气流外围的流场波动，这也能让驾驶者不会因为迎面而来的强大气流面临生命危险。

从内饰上，可以看出法拉利蒙扎 SP 是一台极具赛道风格的超级跑车，碳纤维材质的大量运用，搭配皮质座椅的古朴设计，让人有一种置身于 20 世纪 50 年代与现代融合的错乱时空内的感觉。

性能特点

法拉利蒙扎 SP 搭载的 6.5 升 V12 发动机是基于法拉利 812 超高速的发动机打造，最大输出功率可达 604 千瓦（810 马力），峰值扭矩 718 牛·米。在采用了优化进气管的流线动力设计，同时配合车身出色的轻量化以后，法拉利蒙扎 SP 0～100 公里 / 时加速时间仅需 2.9 秒，最高车速超过 300 公里 / 时。

第 3 章 经典跑车

法拉利蒙扎 SP2 外观

法拉利蒙扎 SP2 内饰

法拉利 F8 特里布托

法拉利 F8 特里布托（Ferrari F8 Tributo）是意大利法拉利汽车公司设计和制造的中置后驱跑车，2019 年开始生产，官方指导价为 298.8 万～ 341.8 万元人民币。

基本参数	
长度	4611 毫米
宽度	1979 毫米
高度	1206 毫米
轴距	2650 毫米
整备质量	1435 千克

外观内饰

法拉利 F8 特里布托是法拉利 488 的后继车型，前脸采用内凹的设计，头灯造型狭长，提升了运动感。侧面采用流畅又硬朗的中置超跑设计，黑色的轮毂造型搭配红色的刹车钳，视觉效果极为出色。尾部采用硬朗又锋利的设计以及圆形的尾灯造型，下方是巨大的空气套件设计。法拉利 F8 特里布托的全新车身在空气动力学方面比法拉利 488 的空动效率高 10%，下压力高 15%。

法拉利 F8 特里布托的仪表盘区域是一个很像战斗机的圆形喷气式造型，其余位置布置着一些相对简单的控制按键，还有大面积的碳纤维材质饰板。直立的运动座椅，较细的 A 柱和极低的前车身让驾驶者前方视野非常开阔。副驾位置还可选装一个 7 英寸的显示屏，只能有限地操作音响和导航系统，其余时间可以在为副驾驶展示车辆的当前转速和速度。

性能特点

法拉利 F8 特里布托搭载的 3.9 升 V8 发动机是从特殊版的法拉利 488 传承下来的，重量减轻了约 18 千克，转速上升更快，并可在 8000 转 / 分的转速下输出 529 千瓦（710 马力）的最大功率，在 3250 转 / 分的转速下可提供 770 牛·米的峰值扭矩。

与发动机匹配的是七速双离合变速箱。除此之外，进、排气系统也被优化增强。法拉利 488 的声音被涡轮增压器所抑制，缺乏 V8 自然吸气发动机所特有的高转速声浪。而法拉利 F8 特里布托的高转速声浪，尤其是在 4000 转 / 分以上时，动静远大于法拉利 488。

法拉利 F8 特里布托外观

法拉利 F8 特里布托内饰

法拉利 SF90 斯达德尔

法拉利 SF90 斯达德尔（Ferrari SF90 Stradale）是意大利法拉利汽车公司设计和制造的中置四驱跑车，2019 年开始生产，官方指导价为 398.8 万元人民币。

基本参数	
长度	4710 毫米
宽度	1972 毫米
高度	1186 毫米
轴距	2650 毫米
整备质量	1600 千克

外观内饰

法拉利 SF90 斯达德尔的外观沿用了法拉利以往的经典设计，前脸造型立体感十足，极具攻击性。内凹的车头采用更先进的空气动力学设计原理，配合两侧的扩散器，有助于在前轴处产生下压力。不同于以往的车型，法拉利 SF90 斯达德尔首次采用了矩阵式 LED 大灯，C 字形灯组内还加入了三条灯带，辨识度极高。车身侧面造型优雅而又不失运动感，轮毂等距的辐条能够梳理轮拱内的气流。车尾配备了可关闭式襟翼，能够调节车辆顶部的气流。车门后侧的开孔是中冷器风道。车尾的高位排气管设计有一种难以形容的狂野感，视觉效果很有气势，尾灯并未采用法拉利标志性的圆形设计，而是采用圆角矩形的圆环造型，设计很有特点。

法拉利 SF90 斯达德尔的内饰布局与法拉利 F8 特里布托十分相似，细节更为简化，设计更加纯粹。仪表盘为 16 英寸曲面屏，采用全数字化显示，包括转速、时速、挡位以及导航等车辆信息。方向盘两侧为触控单元，集成了众多控制功能。中控台造型结构简单。座椅同样散发着浓郁的赛道气息，采用黑色真皮材质，中间为红色装饰，非常醒目，座椅外壳为碳纤维材料，凸显出细致入微的轻量化理念。

性能特点

法拉利 SF90 斯达德尔是法拉利旗下首款插电混合动力跑车，得益于品牌最强 V8 发动机以及三电动机，使其成为法拉利目前的顶尖跑车，性能甚至超越了旗舰车型法拉利拉法。电池部分，法拉利 SF90 斯达德尔搭载由韩国 SK 集团提供的 7.9 千瓦时锂离子电池组，纯电模式下最高车速可达 135 公里 / 时，续航里程为 25 公里。传动系统配置最新的八速双离合变速箱，相比法拉利此前使用的七速双离合变速箱，齿比设计更为合理，另外重量也减轻了 7 千克。这台变速箱取消了倒挡，倒车环节交由驱动电机全权负责。法拉利 SF90 斯达德尔 0～100 公里 / 时加速时间仅需 2.5 秒，而 0～200 公里 / 时加速时间仅需 6.7 秒。

法拉利 SF90 斯达德尔外观

法拉利 SF90 斯达德尔内饰

法拉利罗马

法拉利罗马（Ferrari Roma）是意大利法拉利汽车公司设计和制造的中置后驱跑车，2020年开始生产，官方指导价为238万元人民币。

基本参数	
长度	4656 毫米
宽度	1974 毫米
高度	1301 毫米
轴距	2670 毫米
整备质量	1570 千克

外观内饰

法拉利罗马的前脸采用了弧形镂空式进气格栅，整体造型和普通汽车有明显不同，下方不规则的造型加上起伏不平的发动机盖造型，非常像一张咧开的大嘴，夸张而激进。点阵式的设计配上两侧LED日间行车灯，把发动机盖上的凸起衬托得更加明显，提升了车辆的层次感，在散发魅力的同时还保持着属于高端汽车的优雅。车身侧面则是另一种风格，法拉利罗马用低趴的车身降低了风阻系数，增强了整体的运动感。20英寸的铝合金轮毂和厚实的脚踏板，体现出极致的运动气息。

内饰方面，法拉利罗马把豪华感和奢侈感展现得淋漓尽致，不仅拥有大尺寸的液晶触控显示屏和全液晶仪表盘，方向盘和挡把区域也采用真皮、烤漆面板等包裹覆盖。整个内饰层次分明，而且因为车内空间充裕，乘坐感非常强，身体所碰之处都柔软舒适，驾驶体验感非常好。

性能特点

法拉利罗马搭载一台3.9升双涡轮增压发动机，最大功率为567千瓦（620马力），峰值扭矩760牛·米。与发动机匹配的是八速双离合变速箱，0～100公里/

时加速时间仅需 3.4 秒，0～200 公里/时加速时间仅需 9.3 秒，最高车速达 320 公里/时。功能配置方面，法拉利罗马有着符合自身价值的豪华配置，车载冰箱、缺气保用轮胎、电动天窗、被动行人保护、车道偏离预警系统、车道保持辅助系统等应有尽有。

法拉利罗马外观

法拉利罗马内饰

兰博基尼蝙蝠

基本参数	
长度	4610 毫米
宽度	2057 毫米
高度	1135 毫米
轴距	2665 毫米
整备质量	1860 千克

兰博基尼蝙蝠（Lamborghini Murcielago）是意大利兰博基尼汽车公司设计和制造的中置四驱跑车，在 2001—2010 年期间生产，2006 年发动机由排量 6.2 升 426 千瓦（571 马力）提升为 6.5 升 477 千瓦（640 马力），外形小幅修改，命名多加上 LP640。该车总产量为 4099 辆，官方指导价为 438 万～730 万元人民币。

外观内饰

兰博基尼蝙蝠是兰博基尼被奥迪收购后推出的高端双门双座跑车，由于是由奥迪设计师卢克·唐克沃克操刀设计，所以兰博基尼蝙蝠在内饰方面取得了令人注目的提升，摆脱了兰博基尼此前为人诟病的粗糙内饰。但也由此引来了关于外观设计方面过于圆滑保守、与兰博基尼传统相悖的指责。兰博基尼蝙蝠采用了许多兰博基尼经典的设计元素，以展现家族特征。前脸流畅而棱角分明的构型、宽大的进气口、一气呵成延伸至车尾的线条都忠实地得以保留。

性能特点

兰博基尼蝙蝠自 2001 年上市后，便成为法拉利在超级跑车领域的劲敌，作为兰博基尼品牌的旗舰车型帮助兰博基尼创造了连续数年的业绩突破。该车的构型基于兰博基尼传统,采用中置 6.5 升 V12 发动机(早期为 6.2 升 V12 发动机),最大功率为 477 千瓦(640 马力),峰值扭矩 650 牛·米,0～100 公里/时加速时间仅需 3.4 秒,最高车速达 340 公里/时。操控方面,依旧采用全时四轮驱动,采用全新设计的 E-Gear 六速电子控制自动手排变速箱。

兰博基尼蝙蝠 LP640 外观

兰博基尼蝙蝠 LP640 内饰

兰博基尼盖拉多

兰博基尼盖拉多（Lamborghini Gallardo）是意大利兰博基尼汽车公司设计和制造的中置后驱/四驱跑车，在2003—2013年期间生产，总产量超过13000辆，官方指导价为298万～490万元人民币。

基本参数 (LP 550-2 Spyder)	
长度	4300 毫米
宽度	1900 毫米
高度	1184 毫米
轴距	2560 毫米
整备质量	1733 千克

外观内饰

与兰博基尼蝙蝠相比，兰博基尼盖拉多的车身更加小巧，车身上有大量极富力量感的线条，整台车就如同野兽一般蓄势待发。尺寸较大的头灯衬托出攻击力十足的前脸。前包围采用刀铲形的设计。19英寸锻造轮毂、打孔刹车碟、六活塞刹车钳，让人充满驾驶欲望。阳刚的尾部，整体扁平的设计配合扰流板和夸张的车型专属碳纤尾翼，能同时为车辆提供强大的下压力，让盖拉多在高速时保持稳定性和抓地力。两个炮筒一样的排气管能发出高亢的排气声浪。

性能特点

兰博基尼盖拉多所使用的发动机全部来自奥迪，最初搭载最大功率为368千瓦（493马力）的5.0升V10发动机，经过不同调校，其最大功率最高可以达到390千瓦（523马力）。而在2007年LP560-4推出时，奥迪为兰博基尼盖拉多更换了5.2升V10发动机，根据调校不同可以输出的最大功率为412千瓦（552马力）到419千瓦（562马力），峰值扭矩达到539牛·米。高功率的发动机和扭矩使兰博基尼盖拉多具备了非常出众的加速性能，0～100公里/时加速时间仅需3.4秒，在达到300公里/时超高速行驶时，车身仍可保持很好的稳定性和可控性。

第 3 章 经典跑车

兰博基尼盖拉多敞篷版外观

兰博基尼盖拉多敞篷版内饰

兰博基尼雷文顿

基本参数	
长度	4700 毫米
宽度	2058 毫米
高度	1135 毫米
轴距	2665 毫米
整备质量	1665 千克

兰博基尼雷文顿（Lamborghini Reventon）是意大利兰博基尼汽车公司设计和制造的中置四驱跑车，在 2007—2009 年期间生产，总产量为 36 辆（含 1 辆硬顶原型车和 15 辆敞篷版），官方指导价为 1500 万元人民币。

外观内饰

兰博基尼雷文顿的车身依照 F-22 战斗机的风格进行设计，前脸尖嘴式设计在空气动力学上更有利，两侧宽大的方形网格进气口可以为刹车提供更多的低温空气。氙气和 LED 组成的前大灯使兰博基尼雷文顿更加有神。车身各处笔直的线条勾勒出多个锐角，让整个车身充满速度感。车顶尾部有如战斗机襟翼一般的层次，车尾的 LED 刹车灯令人联想起飞机腹部的信号灯，超大排气尾管设置于尾部中央。透明的发动机盖打开时，就好像战斗机的座舱盖打开一样。兰博基尼以氟氯碳化合物、碳纤维和钢等材料打造兰博基尼雷文顿的车身及结构，轮毂也不例外。

兰博基尼雷文顿的中控台部分以大量皮革进行包覆，同时还使用碳纤维材质打造车室配件，三辐式方向盘本体以碳纤维打造，再以麂皮进行包覆。该车的仪表盘移植自战斗机仪表设计，有两种显示模式，独有的航空式显示模式让人惊叹。手工打造的顶级真皮座椅，也与战斗机座椅相似，让人有种驾控飞机的感觉。

性能特点

兰博基尼雷文顿搭载了原本属于兰博基尼蝙蝠 LP640 的 V12 发动机，经过兰博基尼的调校之后，动力小幅上升，同为 6.5 升排气量，兰博基尼雷文顿却拥有 485

千瓦（650 马力）的最大功率，峰值扭矩达到 660 牛·米。传动系统配备了兰博基尼自行研发的 E-Gear 变速箱。在传动系统方面，采用全驱设计，因此能够让动力全部转化为前进的速度。兰博基尼雷文顿 0～100 公里 / 时加速时间仅需 3.3 秒，极速超过 340 公里 / 时。

兰博基尼雷文顿外观

兰博基尼雷文顿内饰

兰博基尼埃文塔多

兰博基尼埃文塔多（Lamborghini Aventador）是意大利兰博基尼汽车公司设计和制造的中置四驱跑车，2011 年开始生产，官方指导价为 648.80 万～738.88 万元人民币。

基本参数 (LP770-4 SVJ)	
长度	4780 毫米
宽度	2030 毫米
高度	1136 毫米
轴距	2700 毫米
整备质量	1770 千克

外观内饰

兰博基尼埃文塔多的一大新特征就是使用了之前在新一代兰博基尼雷文顿已经应用的 Y 形 LED 日间行车灯，这一设计也将成为兰博基尼最新的家族特征。而尾灯同样使用了三组 Y 形 LED 发光源，与车头互相呼应。前脸的多边形设计冲击感极强，车身侧面造型延续了兰博基尼一如既往的力量感与锋利线条，剪刀门作为兰博基尼的经典特征也得以保留。全车大量采用碳纤维强化材料技术，尤其是全碳纤维复合材料单壳体车身。

兰博基尼埃文塔多的内饰与外观同样具有一种犀利而科幻的风格，大量直线条六边形设计与金属营造出战斗机座舱般充满战斗气息的驾驶氛围。LED 彩色仪表板更为车辆增添了一份科技感。

性能特点

兰博基尼埃文塔多搭载一台 6.5 升 V12 发动机。这台全新发动机由圣阿加塔—博洛涅塞的专业技师手工装配，每一台都要经过专门调校，能够迸发出 522 千瓦（700 马力）的最大功率，并且能够提供 690 牛·米的峰值扭矩。除了装备全新发动机之外，新式七速单离合变速器同样引人注目。虽然未使用当下流行的双离合结构，但其设计却与双离合变速箱有着异曲同工之妙，在一个换挡杆将齿轮分开啮合的同时，另一个换挡杆同时可将齿轮啮合到位，大大缩短了换挡时间。全新的发动机和变速箱让兰博基尼埃文塔多仅需 2.8 秒速度即可超 100 公里 / 时，极速更是超过了 350 公里 / 时。兰博基尼埃文塔多还配备了自动调节减震器，可以收集路面及车体信息来调节减震器，使四个车轮始终可以紧贴地面。

兰博基尼埃文塔多外观

兰博基尼埃文塔多内饰

兰博基尼第六元素

兰博基尼第六元素（Lamborghini Sesto Elemento）是意大利兰博基尼汽车公司设计和制造的中置四驱跑车，在 2011—2012 年期间生产，一共生产了 20 辆，官方指导价为 250 万欧元（约合 2150 万元人民币）。

基本参数	
长度	4580 毫米
宽度	2045 毫米
高度	1135 毫米
轴距	2560 毫米
整备质量	999 千克

外观内饰

兰博基尼第六元素采用革命性设计，车身由创新的碳纤维与特殊塑料的混合物打造，底盘几乎完全使用碳纤维材料，而该车之所以起名为"第六元素"，就是因为碳在元素周期表排第六位。该车的外观借鉴了兰博基尼雷文顿的设计理念，用棱角和线条勾勒出极具未来感的轮廓，设计师以三角形为设计语言，车身各处随处可见各种三角形。

兰博基尼第六元素的配置十分特别，车辆内部只有音响和空调两种功能，其目的是全力减轻车身重量。中控台仿佛是外星飞行器的太空舱，设计极其野蛮简单，除了方向盘包裹有皮质材料，前面只有一堆硬邦邦的碳素材料的暴露组合，前挡风玻璃甚至都不是真正的玻璃，而是一块轻质的特殊塑料。

性能特点．兰博基尼第六元素搭载 5.2 升 V10 发动机，最大功率 419 千瓦 570 马力，峰值扭矩 540 牛·米，配备六速自动变速器，全时四驱系统。排气管采用玻璃陶瓷复合材料，能够经受住 900℃的高温考验。该车可以达到的最高车速达 355 公里/时，0～100 公里/时加速时间仅需 2.5 秒。因为底盘、车身、传动轴、悬架组

件、轮毂和均采用碳纤维增强塑料,以换取更轻的重量,所以车身重量仅重 999 千克,比同级别多数跑车都要轻。

兰博基尼第六元素外观

兰博基尼第六元素内饰

兰博基尼毒药

兰博基尼毒药(Lamborghini Veneno)是意大利兰博基尼汽车公司设计和制造的中置四驱跑车,在2013—2014年期间生产,总产量为14辆(5辆硬顶版和9辆敞篷版),官方指导价为300万欧元(约合2500万元人民币)。

基本参数	
长度	5020 毫米
宽度	2075 毫米
高度	1165 毫米
轴距	2700 毫米
整备质量	1490 千克

外观内饰

兰博基尼毒药将空气动力学与美学进行了完美地融合,配合可调节的尾翼、独一无二的轮毂和充满辨识度的尾灯,即使静止不动也格外引人注目。车身几乎全部由碳纤维增强聚合物制成,每一条线和每一个棱角都能最大限度减少风阻和增强操作稳定性。发动机盖上的竖板有梳理气流的作用,同时可以防止车辆发生事故后翻滚,这种设计灵感来源于耐力赛车。车尾的设计棱角分明,几乎没有一块是封闭的。内饰面板大量采用碳纤维材料,充满赛场氛围。

性能特点

兰博基尼毒药的设计兼顾空气动力学性能和稳定性,具有良好的道路适应性。该车搭载 6.5 升 V12 自然吸气发动机,最大功率 552 千瓦 750 马力,峰值扭矩达 690 牛·米,配合七速变速箱和全时四轮驱动系统,0~100公里/时加速时间仅需2.8秒,极速超过 354 公里/时。

第3章 经典跑车

兰博基尼毒药外观

兰博基尼毒药内饰

兰博基尼飓风

兰博基尼飓风(Lamborghini Huracan)是意大利兰博基尼汽车公司设计和制造的中置后驱/四驱跑车,2014年开始生产,官方指导价为254万~355.6万元人民币。

基本参数	
长度	4459毫米
宽度	1924毫米
高度	1165毫米
轴距	2620毫米
整备质量	1422千克

外观内饰

兰博基尼飓风低矮的车身、大面积的挡风玻璃、锥形车头以及中置发动机都给人以强烈的震撼。该车拥有狭长的全LED头灯组设计,同时两组日间行车灯带来出色的辨识度。车头前端造型显得格外激进,车鼻线条有意向两边稍微挑起并随之再向两边外扩,最后长出两颗獠牙一般的扰流板,一体化程度极高的设计能够为车头提供更大的下压力。同时从车鼻引出的折线以及发动机盖上的两条深线都让车头充满了张力。

兰博基尼飓风的内饰设计同样是典型的兰博基尼风格,通过大量直线条的有机结合构成了一个富有赛场氛围的驾驶舱。四个凸出的空调出风口非常扎眼,粗壮的方向盘、长长的换挡拨片、红色启动按钮、斗形座椅都令人印象非常深刻,而且所有按键排列规整、尺寸较大,以尽量方便驾驶者操控。通过仪表盘配备的12.3英寸TFT显示屏可以对车辆状态进行实时监控和调整。

性能特点

兰博基尼飓风采用一系列轻量化设计,搭载一台5.2升V10发动机,最大功率为455千瓦(610马力),峰值扭矩为540牛·米。传动系统,匹配一台七速双离合变速箱，0～100公里/时加速时间仅需3.2秒，0～200公里/时加速时间也仅需9.9秒。兰博基尼飓风标配陶瓷刹车系统，还可选装电磁阻尼减震和兰博基尼动态转向系统，并提供三种驾驶模式供选择。

兰博基尼飓风外观

兰博基尼飓风内饰

兰博基尼百年纪念

兰博基尼百年纪念（Lamborghini Centenario）是意大利公司设计和制造的中置四驱跑车，在2016—2017年期间生产，总产量为40辆（硬顶版和敞篷版各20辆），官方指导价为240万美元（约合1650万元人民币）。

基本参数	
长度	4924 毫米
宽度	2062 毫米
高度	1143 毫米
轴距	2700 毫米
整备质量	1570 千克

外观内饰

兰博基尼百年纪念的外观充满了攻击性，低矮的楔形车身设计保持了兰博基尼经典的设计元素，前脸在富有强烈线条感的同时还融入了全新的空气动力学元素，使外形更加夸张。全新的风刀式轮毂和侧裙包围也使车辆看起来更加犀利。而车尾造型更加彰显了车辆的攻击性，大尺寸的车底扰流板与后保险杠融为一体，并采用中置三出排气布局，夸张的 Y 形尾灯组贯穿于车尾，同时还配有一个主动式扰流板，从而在高速时可以保持更好的稳定性。内饰方面，兰博基尼百年纪念配备 10.1 英寸中控台触摸显示屏，并支持苹果 CarPlay 系统。

性能特点

兰博基尼百年纪念搭载的是源自兰博基尼埃文塔多的 6.5 升 V12 自然吸气发动机，配备四轮驱动系统。不过，经过全新调校之后，该发动机将能达到 574 千瓦（770 马力）的最大功率。兰博基尼百年纪念 0～100 公里/时加速时间仅需 2.8 秒，0～200 公里/时加速时间仅需 8.6 秒，最高车速可达 350 公里/时。该车拥有出色的刹车制动性能，从 100 公里/时的时速刹停距离仅需 30 米，当时速为 300 公里/时，仅需 290 米即可刹停。兰博基尼百年纪念还配备了兰博基尼全新的后轮转向系统，可提高低速时的转向灵敏性和高速时的稳定性。

第 3 章 经典跑车

兰博基尼百年纪念外观

兰博基尼百年纪念内饰

兰博基尼 Sian FKP 37

兰博基尼 Sian FKP 37（Lamborghini Sian FKP 37）是意大利兰博基尼汽车公司设计和制造的跑车，计划于 2020 年开始生产，限量生产 63 辆（以纪念兰博基尼成立于 1963 年），官方指导价为 360 万美元（约合 2500 万元人民币）。

基本参数	
长度	4980 毫米
宽度	2101 毫米
高度	1133 毫米
轴距	2700 毫米
整备质量	1620 千克

外观内饰

兰博基尼 Sian FKP 37 的名称是为了纪念大众集团传奇掌门人费迪南德·卡尔·皮耶希，FKP 是他名字的首字母，37 则是他的出生年份。该车的外观设计灵感来自兰博基尼历史上标志性的跑车——兰博基尼康塔什，内饰则基于兰博基尼埃文塔多，但具有更多的定制元素和更华丽的功能设置。兰博基尼 Sian FKP 37 前脸的倾斜角度比兰博基尼埃文塔多更小更尖细，有一个巨大的 Y 形前车灯。造型更加复杂的是车尾部分，很有层次感。后尾灯则是左右各三个单独小车灯，而不是以往一个整体的大尾灯。

性能特点

兰博基尼 Sian FKP 37 与兰博基尼埃文塔多基于同一平台打造，也搭载相同的 6.5 升 V12 自然吸气发动机。不过，兰博基尼 Sian FKP 37 的创新之处在于它让 V12 发动机与装在变速箱中的 48V 电动机合作，以保持更好的反应和性能。除了采用大众的 48V 轻混合动力系统外，兰博基尼 Sian FKP 37 还采用了兰博基尼开发的比同类电池强三倍的超级电容器，而非传统的锂离子电池。兰博基尼 Sian FKP 37 发动机的最大功率达到 603 千瓦（808 马力），可在 2.8 秒完成速度从 0～100 公里 / 时加速冲刺，最高速度达到 350 公里 / 时。

第3章 经典跑车

兰博基尼Sian FKP 37外观

兰博基尼Sian FKP 37内饰

玛莎拉蒂 MC12

玛莎拉蒂 MC12（Maserati MC12）是意大利玛莎拉蒂汽车公司设计和制造的中置后驱跑车，在 2004—2005 年期间生产，总产量为 50 辆，官方指导价为 258 万美元（约合 1800 万元人民币）。

基本参数	
长度	5143 毫米
宽度	2096 毫米
高度	1205 毫米
轴距	2800 毫米
整备质量	1497 千克

外观内饰

玛莎拉蒂 MC12 的车身完全由碳纤维构成，底盘则是由碳纤维和诺梅克斯（Nomex，一种轻质耐高温芳香族聚酰胺）组成的蜂窝夹层结构。底盘下的两个铝质支柱作为辅助装备能够有效地吸收冲力，从而具有更好的安全性能。发动机罩上的曲线经过 6 排巨大的栅栏延伸至车头，那里是经典的三叉戟标志。同时玛莎拉蒂 MC12 的双氙气头灯作为一个组件，是可以拆卸的。车侧的通气孔通道从前轮延伸至后轮，也有助于提升空气动力效率。

玛莎拉蒂 MC12 的内饰是典型的玛莎拉蒂风格，皮革包围着扁平的方向盘，线条讲究的中控台。所有表盘围绕着速度表整齐地展现在驾驶者眼前。中间的椭圆形钟表和蓝色启动按钮，还有布置在钛金色盘面上的各种按钮，更凸显出玛莎拉蒂 MC12 的高雅气质。座椅也是由真皮包裹的碳纤维结构座椅。

性能特点

玛莎拉蒂 MC12 搭载 6 升 V12 自然吸气发动机，可在 7500 转 / 分时爆发出 468 千瓦（628 马力）的最大功率，在 5500 转 / 分时达到峰值扭矩 652 牛·米，最高车速达 330 公里 / 时，0～100 公里 / 时加速时间仅需 3.8 秒。为了能够配合强大的动力输出，玛莎拉蒂 MC12 配备了六速变速箱。驾驶者可以直接使用方向盘后面的拨片进行换挡。先进的悬挂系统和配备倍耐力轮胎的 19 英寸轮毂更使玛莎拉蒂 MC12 如虎添翼。

玛莎拉蒂MC12外观

玛莎拉蒂MC12内饰

布加迪威龙

布加迪威龙（Bugatti Veyron）是法国布加迪汽车公司（现为德国大众集团旗下品牌）设计和制造的中置四驱超级跑车，在2005—2015年期间生产，总产量为450辆，官方指导价为2500万元～4300万元人民币。

基本参数	
长度	4462 毫米
宽度	1998 毫米
高度	1159 毫米
轴距	2710 毫米
整备质量	1990 千克

外观内饰

布加迪威龙的车身设计虽然富有动感和艺术性，但除了保持布加迪的特有元素外，其余一切设计都是基于提升速度而考虑：减少风阻的后视镜、升起后提升压力的尾翼、保持稳定的车底导流槽和压缩到极限的行李厢。布加迪威龙很好地把握了力学和美学的平衡点，其车体由高强度铝合金加碳纤维制造，研发和制造的过程已经涉及F1赛车和航空航天等高科技领域，造价超过500万元人民币的车体，重量轻、强度高。不过即使这样，车长不到4.5米的布加迪威龙车重依然超过了1900千克。布加迪威龙的车轮由米其林量身定制，前后车轮使用了胎幅不同的轮胎，在减少摩擦阻力的同时也保证了以后轮驱动为主的稳定性。

性能特点

布加迪威龙搭载大众专门研发的W16发动机，可以说是将两台V8发动机共用一根曲轴的产物。该发动机配备了4个涡轮增压器，排量达到了8升，最大功率高达896千瓦（1201马力），同时，在极低的1000转/分时即可输出730牛·米的庞大扭矩,在 2200 转 / 分时就可以迸发出 1250 牛·米的峰值扭矩,这种扭力会一直持续到 5500 转 / 分。强大的动力带来的结果显而易见:0～100 公里 / 时加速时间仅需 2.5 秒,0～200 公里 / 时仅需 7.3 秒,0～300 公里 / 时仅需 16.7 秒,0～400 公里 / 时仅需 55.6 秒,最高车速达到 407 公里 / 时。

  布加迪威龙优秀的加速成绩还得益于 DSG 双离合器变速器。这种变速器采用两片离合器,当处于某个挡位时,另一片离合器可以自动与下一个挡位相连接,最大限度地缩短了换挡时间,从而可以迅疾加速。另外,该车还配备了四轮驱动系统,它通过电磁感应来控制扭力在前后各个车轮之间的分配,从而使驾驶更加轻松,操控更加灵敏。

布加迪威龙外观

布加迪威龙内饰

布加迪凯龙

布加迪凯龙（Bugatti Chiron）是法国布加迪汽车公司设计和制造的中置四驱超级跑车，2016 年开始生产，高性能车型的官方指导价为 390 万美元（约合 2725 万元人民币）。

基本参数	
长度	4544 毫米
宽度	2038 毫米
高度	1212 毫米
轴距	2711 毫米
整备质量	1996 千克

外观内饰

马蹄形的格栅是布加迪跑车上最为重要的元素，布加迪凯龙也保持了相同的设计风格，饱满圆润的车身充满了力量感。红底白字的厂徽镶嵌在马蹄形进气格栅中央，两侧的进气格栅可以为前刹车系统降温。每侧的大灯由 4 具 LED 光源组成，造型杀气腾腾，点亮时科幻感十足。相比布加迪威龙，布加迪凯龙的 C 形的侧面线条设计更加大胆，从前翼子板开始把整个侧窗包含在内，立体感很强，让人过目难忘。侧进气口与 C 形线条融为一体，它的主要作用是给发动机降温。为了更好地散热，大量的空气流经发动机以及刹车盘后从车尾流出，因而车尾采用了大面积的镂空设计。由车头贯穿车身的中心脊线，一气呵成经过车顶延续至车尾，很有艺术感。尾灯呈一字形设计，贯穿于整个车尾。下方的扩散器为车辆提供了下压力。中间四出的排气呈两个倒梯形设计，尺寸相当夸张。

性能特点

布加迪凯龙搭载了从布加迪威龙便开始使用的 8 升 W16 四涡轮增压发动机，但进行了大幅度地改进升级，添加了直接燃料喷射装置，并且其中两个涡轮增压器改由电子控制来降低延迟。在加速能力上，布加迪凯龙可以在 2.4 秒内从静止加速到 100 公里 / 时，6.1 秒内从静止加速到 200 公里 / 时，13.1 秒内从静止加速到 300 公里 / 时。

布加迪凯龙的电子装置基于安全原因，将极速限制在 420 公里/时，理论极速约为 463 公里/时。正常道路每 100 公里油耗大约为 20 升，但在极速行驶时布加迪凯龙的 100 升油箱将会在 8 分钟内耗尽，换算油耗为 190 升（每 100 公里），二氧化碳排放量每公里约 4.5 千克。

布加迪凯龙外观

布加迪凯龙内饰

布加迪迪沃

布加迪迪沃（Bugatti Divo）是法国布加迪汽车公司设计和制造的中置四驱超级跑车，2019 年开始生产，限量生产 40 辆，官方指导价为 4000 万元人民币。

基本参数	
长度	4641 毫米
宽度	2018 毫米
高度	1212 毫米
轴距	2711 毫米
整备质量	1961 千克

外观内饰

布加迪迪沃有着比布加迪凯龙更加低矮且激进的外观设计，更为考究的空气动力学以及轻量化套件很明显是为了让其有着更加灵巧的操控表现。此外，更加犀利且细长的前灯带、致敬此前布加迪经典车型的碳纤维车顶设计都增添了其专属的辨识度。尾部保持了固有的激进设计，同时又进行了加宽处理，并能给新车带来相较布加迪凯龙额外多出的 90 千克下压力。

考虑到定制化的程度，可以说没有两辆布加迪迪沃是完全相同的。例如，车主可以选择车身不同部位的颜色，以及轮毂、进气口等部位的装饰。而在车内，更有众多的装饰材料可供选择，还可以添加定制的装饰。

性能特点

布加迪一直专注于直道和极速上的表现，例如布加迪威龙和布加迪凯龙，虽然动力无穷，但是由于自身重量过大，在弯道上往往不那么灵敏，而布加迪迪沃的出现改变了这一局面。该车的研发目标就是敏捷转向，还有绝佳的转向手感。在外观的空力动力学方面也做了较大的调整，悬挂和底盘也经过精心调教，与布加迪凯龙相比轻了 35 千克。布加迪迪沃配备了独特的车身和内饰，其调校更多地是为了在赛道上雕琢，而不是试图打破陆地速度纪录。该车搭载 W16 涡轮增压发动机，搭配四驱系统和双离合变速器，最大功率可达 1119 千瓦（1500 马力），0～100 公里/时加速时间仅需 2.4 秒。

布加迪迪沃外观

布加迪迪沃内饰

帕加尼风之子

帕加尼风之子（Pagani Zonda）是意大利帕加尼汽车公司设计和制造的中置后驱超级跑车，在1999—2017年期间生产，官方指导价为2900万元人民币。

基本参数	
长度	4395 毫米
宽度	2055 毫米
高度	1151 毫米
轴距	2730 毫米
整备质量	1210 千克

外观内饰

帕加尼风之子外观优美，有着极高的辨识度。整体外观设计最令人叹为观止的是楔形的车鼻和水滴状的玻璃车厢，与参加GT耐力赛的车型极为神似。中央一分为二的车尾扰流板，设计极为特别，具有与众不同的美感，喷气式飞机风格的车尾排气管已成为帕加尼风之子的注册商标。内饰方面，驾驶者与乘客座椅均是定制的座椅，以提供最佳的支撑。数字化的仪表组可以提供所需的一切重要驾驶信息，可以监测每一时刻车辆的单独某组件的工作情况。

性能特点

帕加尼风之子的外观经过风洞测试，其深下颌进气坝、车尾扰流板和气流扩散器，可以在297公里/时的高速时对车身产生500千克的下压力，加上车身比重均匀，帕加尼风之子即使在超过300公里/时的超高时速下，仍然可以四平八稳。帕加尼风之子系列搭载梅赛德斯—奔驰M120型6升V12发动机，以及梅赛德斯—奔驰M297型6.9升或7.3升V12发动机。其中，高性能车型帕加尼风之子R（Pagani Zonda R）搭载6升V12发动机和六速序列式变速箱，在7500转/分时可输出559千瓦（750马力）的最大功率，峰值扭矩可达到710牛·米。在如此强大的动力下，帕加尼风之子R的0～100公里/时加速时间仅需2.7秒，最高车速可以超过350公里/时。

第3章 经典跑车

帕加尼风之子外观

帕加尼风之子内饰

帕加尼风神

帕加尼风神（Pagani Huayra）是意大利帕加尼汽车公司设计和制造的中置后驱超级跑车，2012年开始生产，官方指导价为2900万元人民币。

基本参数	
长度	4605 毫米
宽度	2036 毫米
高度	1169 毫米
轴距	2795 毫米
整备质量	1350 千克

外观内饰

帕加尼风神引入了主动式空气动力学系统，可切换前端离地高度，并独立控制车辆左前、右前、左后、右后四个襟翼。这四个襟翼的行为由一个从不同系统中（如防抱死制动系统、电子控制单元，可传递车速、车体转向角度、横向加速度、转弯角及油门位置等信息）获取信息的独立控制单元单独控制。旨在根据情况获得最小的阻力系数，或最大的下压力。帕加尼风神的设计师称其阻力系数可在 0.31～0.37 变动。该系统也可通过过弯时抬高"内部"襟翼以抑制过度的车身倾斜，提高该方向的下压力。背部襟翼也可充当空气刹车。在重刹车时，前悬挂及后襟翼均自然升起以抵消传递至前轮的力，并保持车身稳定。

性能特点

帕加尼风神使用一台特别定制的梅赛德斯-奔驰 M158 型 6 升 V12 双涡轮增压发动机，在 5800 转/分时可最大输出功率高达 544 千瓦（730 马力），2250～4500 转/分时可产生 1000 牛·米峰值的扭矩。其极速约为 383 公里/时，0-100 公里/时加速时间约 2.8 秒。帕加尼风神使用七速单离合序列式半自动变速器。鉴于超过 70 千克的重量代价，帕加尼决定不使用油浸双离合器，继而放弃了双离合传动带来的快速换挡优势。最终，整个传动系统仅重 96 千克。帕加尼风神装有布雷博的制动钳、转子及刹车片，以及倍耐力轮胎，可在车速高达 370 公里/时承受 1.66G 的横向加速度。

第 3 章 经典跑车

帕加尼风神外观

帕加尼风神内饰

柯尼赛格 CC8S

柯尼赛格 CC8S（Koenigsegg CC8S）是瑞典柯尼赛格汽车公司设计和制造的中置后驱超级跑车，在 2002—2003 年期间生产，总产量为 6 辆。

基本参数	
长度	4191 毫米
宽度	1989 毫米
高度	1069 毫米
轴距	2659 毫米
整备质量	1175 千克

外观内饰

柯尼赛格 CC8S 采用碳纤维车身和完全可调的悬挂技术，同时也是换挡拨片的先驱。驾驶者可以从驾驶舱调整底盘、空气动力学和制动参数。该车配备了当时市面上没有的可拆卸并能存放在前备厢的敞篷硬顶结构。流线型的车身，犹如一位优雅的绅士，干净、简约的造型，完全与当时的其他跑车区别开来，其所富含的哲学和美学艺术，让柯尼赛格 CC8S 为后面所有的柯尼赛格汽车打下了坚实的基础。

性能特点

柯尼赛格 CC8S 的动力核心是一台经过改良的 4.7 升福特 V8 发动机，安装有巨大的中冷器和燃油喷射器，最大功率为 488 千瓦（655 马力），在当时创下了最强发动机的吉尼斯世界纪录。与发动机匹配的传动装置是六速手动变速箱。柯尼赛格 CC8S 的 0～100 公里/时加速时间仅为 3.5 秒，最高车速达到 390 公里/时。

第 3 章 经典跑车

柯尼赛格 CC8S 外观

柯尼赛格 CC8S 内饰

柯尼赛格 CCR

基本参数	
长度	4191 毫米
宽度	1989 毫米
高度	1069 毫米
轴距	2659 毫米
整备质量	1180 千克

柯尼赛格 CCR（Koenigsegg CCR）是瑞典柯尼赛格汽车公司设计和制造的中置后驱超级跑车，在 2004—2006 年期间生产，总产量为 14 辆。

外观内饰

与柯尼赛格 CC8S 相比，柯尼赛格 CCR 拥有升级的悬架、各种改进的空气动力学设计、更大的刹车和更大尺寸的轮胎。柯尼赛格 CCR 的发动机盖上有一个幽灵图案，这原本是瑞典空军第一中队的标志。柯尼赛格车厂就设在该中队的旧址上，为了纪念那些英雄，幽灵图案也就成为这部超级跑车的徽章。

由于柯尼赛格 CCR 在外观上很像 C 组赛车，所以视野并不开阔。即便如此，柯尼赛格 CCR 也没有忘记带给车主以奢侈的享受：中控台的表面是手感细腻的真皮，空调、CD 音响和电动车窗都是标准装备。此外还有一个特点：由于车身的抗扭刚度很强，柯尼赛格 CCR 可以将顶篷摘下，以敞篷的方式进行巡航。

性能特点

柯尼赛格 CCR 搭载福特 4.7 升 V8 双机械增压发动机，最大功率为 601 千瓦（806 马力），峰值扭矩 679 牛·米，动力强劲。与发动机匹配的是六速手动变速箱。柯尼赛格 CCR 的 0～100 公里/时加速仅为 3.2 秒，曾经创造了 388 公里/时的速度纪录，打破了迈凯伦 F1 在 1993 年创造的 372 公里/时的速度纪录。风洞试验表明，柯尼赛格 CCR 的空气动力学设计十分出色。

柯尼赛格 CCR 外观

柯尼赛格 CCR 内饰

柯尼赛格 CCX

柯尼赛格 CCX（Koenigsegg CCX）是瑞典柯尼赛格汽车公司设计和制造的中置后驱超级跑车，在 2006—2010 年期间生产，总产量为 29 辆，官方指导价为 2300 万元人民币。

基本参数	
长度	4293 毫米
宽度	1996 毫米
高度	1120 毫米
轴距	2660 毫米
整备质量	1456 千克

外观内饰

柯尼赛格 CCX 是在柯尼赛格 CCR 的基础上改进而来的，车身和内饰变化较大，且采用了新的前保险杠设计，这种设计不仅仅可以满足美观的要求，其他作用也很明显，包括为刹车系统提供足够的冷风，且为雾灯和示宽灯预留位置。前大灯也稍作修改，以适应新的保险杠。侧裙也可以进一步减少气流流过车身底部，从而为高速行驶增加更多的下压力。硬顶玻璃天窗，可以拆卸存储。

柯尼赛格 CCX 的座椅结构采用碳纤维材料，前端表面完全填注，靠背倾斜。车内装饰大量采用真皮材料，还配有皮革地毯。它还采用了双安全气囊，保护驾驶者和乘客的安全。同时四点赛道安全带也可以选择是否装备。车辆配置的电子系统使用了创新的半导体材料取代了传统的线路和断路器。

性能特点

柯尼赛格 CCX 搭载 V8 铸铝发动机和六速手动变速箱，在 5700 转 / 分时可产生 920 牛·米的峰值大扭矩，0～100 公里 / 时加速时间仅需 3.2 秒。该车配备 382 毫米前陶瓷刹车盘搭配 8 活塞卡钳，以及 362 毫米后刹车盘搭配 6 活塞卡钳，从 100 公里 / 时到静止只需滑行 32 米。

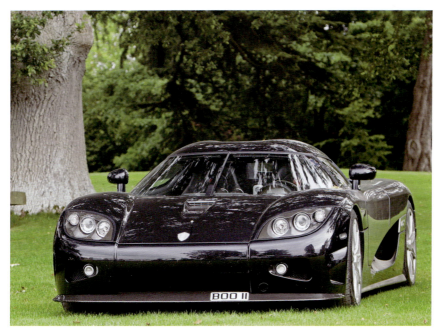

柯尼赛格 CCX 外观

柯尼赛格 CCX 内饰

柯尼赛格 Agera R

柯尼赛格 Agera R（Koenigsegg Agera R）是瑞典柯尼赛格汽车公司设计和制造的中置后驱超级跑车，在 2011—2014 年期间生产，限量生产 6 辆，官方指导价为 2650 万元人民币。

基本参数	
长度	4293 毫米
宽度	1996 毫米
高度	1120 毫米
轴距	2662 毫米
整备质量	1435 千克

外观内饰

柯尼赛格 Agera R 由柯尼赛格 Agera 发展而来，但具有独特的视觉外观和技术性能，其中升级的亮点包括增大的发动机功率与转速限制、全新的航空排气等。柯尼赛格 Agera R 配备特殊的米其林轮胎和定制的变速箱。车尾配中置发动机，自带尾翼。全车运用空气动力学原理，采用大量的钛合金复合材料、航空材料打造，车顶可以拆卸。

性能特点

柯尼赛格 Agera R 搭载 5 升 V8 双涡轮增压发动机和七速双离合变速箱，在使用 E85 型燃料情况下最大功率达到 838 千瓦，峰值扭矩为 1200 牛·米。如果使用普通型 95 号汽油燃料，最大功率为 706 千瓦，峰值扭矩为 1100 牛·米。包括飞轮、离合器、干式油壳和排气系统与涡轮在内的整个发动机仅重 197 千克。该车的 0～100 公里/时加速时间仅需 2.8 秒，0～300 公里/时加速时间仅需 21.19 秒，理论上的极速可达 443 公里/时，不过全部的柯无赛格 Agera 车型均限速在 375 公里/时。对于一部超级跑车来说，柯尼赛格 Agera R 是相当省油的，每 100 公里油耗仅为 14.7 升。

柯尼赛格 Agera R 外观

柯尼赛格 Agera R 内饰

柯尼赛格 One:1

柯尼赛格 One:1（Koenigsegg One:1）是瑞典柯尼赛格汽车公司设计和制造的中置后驱超级跑车，在 2014—2016 年期间生产，限量生产 6 辆，官方指导价为 1100 万元人民币，实际市场售价将近 1 亿元人民币。

基本参数	
长度	4500 毫米
宽度	2060 毫米
高度	1150 毫米
轴距	2662 毫米
整备质量	1360 千克

外观内饰

柯尼赛格 One:1 基于柯尼赛格 Agera R 平台重新打造，其命名象征着车辆的整备质量和动力是 1：1 的比例。新车外观极富运动感，而出于极速驾驶的考虑，该车采用轻量化设计。柯尼赛格 One:1 采用银色车身辅以黑色线条装饰，加入了非常多的空气动力学套件，尾部还配备了大尺寸的主动式扰流板，此外，柯尼赛格 One：1 配备了前 19 英寸、后 20 英寸的碳纤维轮毂，与之搭配的是米其林轮胎，能够在高速行驶时为车辆提供充足的下压力。

性能特点

柯尼赛格 One:1 搭载 5.0 升 V8 双涡轮增压发动机，最大功率达到 1044 千瓦（1400 马力），峰值扭矩为 1371 牛·米。传动系统匹配的是七速双离合变速箱，并配备了换挡拨片。此外，柯尼赛格还为该车升级了后悬架，加入碳纤维组件并采用了主动减震器。据官方测试,该车 0～400 公里/时加速时间仅需 20 秒,极速超过 450 公里/时,使其从 2014 年起取代布加迪威龙成为史上最快量产车。柯尼赛格 One:1 在 400 公里/时车速下的刹车时间在 10 秒内,100 公里/时车速下的刹车距离仅为 28 米。

柯尼赛格 One:1 外观

柯尼赛格 One:1 内饰

柯尼赛格统治者

柯尼赛格统治者（Koenigsegg Regera）是瑞典柯尼赛格汽车公司设计和制造的中置后驱超级跑车，2016 年开始生产，官方指导价为 1400 万元人民币。

基本参数	
长度	4560 毫米
宽度	2050 毫米
高度	1110 毫米
轴距	2662 毫米
整备质量	1470 千克

外观内饰

柯尼赛格统治者的外观设计可以看作是优雅复古风格与最新空气动力学技术的完美结合。车身有非常多的空气动力学设计。与柯尼赛格 One:1 不同的是，柯尼赛格并未简单粗暴地运用风刀、大尾翼之类的零件，外观十分规整。雨刷器的放置让人联想到早年间的老爷车。车尾设置有大型的碳纤维扩散器，可以增强车辆的下压力。柯尼赛格为统治者量身定做了一个大号可伸缩尾翼，既有复古优雅气质，也符合空气动力学原理，配合全车的空气动力学设计，柯尼赛格统治者在 250 公里 / 时可以获得 450 千克的下压力。

内饰部分，柯尼赛格统治者使用了全液晶仪表盘及 9 英寸中控屏幕，其车载互联系统支持苹果 CarPlay。此外，柯尼赛格惯用的冰蓝色氛围灯也没有缺席。

性能特点

柯尼赛格统治者搭载了一台 5 升 V8 双涡轮增压发动机，最大功率高达 832 千瓦（1115 马力），峰值扭矩为 1250 牛·米。该车搭载了 3 台由牛津大学下属的亚萨汽车提供的电动机，其中两台亚萨 750 电动机位于后桥左右半轴，直接驱动车轮；另一台亚萨 400 电动机位于发动机前端，与发动机曲轴相连，用于补充发动机的动力输出、发电、启动发动机以及倒车。

柯尼赛格统治者配备了一种全新的"科尼塞克直接驱动"（Koenigsegg Direct Drive，KDD）系统。由于对轻量化和高效率的极致追求，KDD 系统直接取消了变速箱，也就是说，V8 发动机通过一个液压多片离合器直接与固定速比为 2.85 的主减速器相连。换言之，这台发动机只有一个挡位可用。这套系统的效果是惊人的，柯尼赛格统治者的最大输出功率达到了 1134 千瓦（1521 马力）。

柯尼赛格统治者外观

柯尼赛格统治者内饰

柯尼赛格 Jesko

柯尼赛格 Jesko（Koenigsegg Jesko）是瑞典柯尼赛格汽车公司设计和制造的中置后驱超级跑车，计划于 2020 年开始生产，官方指导价为 235 万欧元（约合 1875 万元人民币）。

基本参数	
长度	4610 毫米
宽度	2030 毫米
高度	1210 毫米
轴距	2700 毫米
整备质量	1420 千克

外观内饰

柯尼赛格 Jesko 采用了全新的车身设计，设计时既借鉴了过往车辆的使用经验，同时又考虑到未来客户的需求。该车的整体式车身是一种碳纤维和铝夹层结构，具有集成的燃料箱、侧翻条和增强材料，并采用了迪尼玛纤维（一种聚乙烯纤维，能以最小的重量提供最大的强度，其强度比钢材高 15 倍多）。新的双轮廓后翼尽可能地向后放置，以获得最大的下压力和更大的控制力。尾翼呈飞旋镖形状，尽可能接近汽车的后曲率，以最大化尾翼的表面积并确保最极端的向后定位。柯尼赛格 Jesko 配备了两种新的车轮设计，一种锻造铝和一种碳纤维。两者的重量都设计得尽可能轻，碳纤维轮毂是超轻型选装件。

柯尼赛格 Jesko 的电动座椅可以由客户选择皮革或阿尔坎塔拉（Alcantara）制成，并提供几乎无穷的颜色和对比度选择。运动型桶形座椅围绕碳纤维座椅壳构建，从而使座椅既轻巧又舒适。

性能特点

柯尼赛格 Jesko 的发动机是在柯尼赛格 Agera 使用的 5 升 V8 双涡轮增压发动机的基础上开发的，使用普通汽油时最大功率为 955 千瓦（1298 马力），使用 E85 生物燃料时最大功率为 1195 千瓦（1625 马力）。该车配备了自适应主动后转向系统，该系统可提高响应速度并在高速和低速时增强感应。利用诸如速度、油门和刹车位置、转向和滑动角度等参数的操作，可以将后轮向任一方向转动 3°，以更快地转弯并增加稳定性。在低速时，系统会反向转动后轮。这使柯尼赛格 Jesko 的转弯速度更快，有效地缩短了汽车的转弯半径。在高速行驶时，后轮与前轮一起转动，这实际上是轴距的加长。这样可以改善车辆行驶时的转弯性能，并提高行驶的稳定性。

柯尼赛格 Jesko 外观

柯尼赛格 Jesko 内饰

阿斯顿·马丁 One-77

阿斯顿·马丁 One-77（Aston Martin One-77）是英国阿斯顿·马丁汽车公司设计和制造的前置后驱跑车，在 2009—2012 年期间生产，一共生产了 77 辆，官方指导价为 4700 万元人民币。

基本参数	
长度	4601 毫米
宽度	2204 毫米
高度	1222 毫米
轴距	2791 毫米
整备质量	1630 千克

外观内饰

阿斯顿·马丁 One-77 的车身覆盖件由手工加工的铝板组成，而其一体化的车身结构则由碳纤维制造。该车采用了全新的整体化进气格栅，使前脸更具个性。同时，尾部也采用了全新的设计，后备厢盖微微上扬，凸显动感与强劲的跑车特质，并与前脸的新设计相得益彰。内饰方面，阿斯顿·马丁 One-77 使用了全新的奢华内饰，中控台使用了纯玻璃质地的挡位切换按钮，体现了阿斯顿·马丁精湛的手工技艺。

性能特点

阿斯顿·马丁 One-77 搭载一台 7.3 升 V12 自然吸气发动机，最大功率为 559 千瓦（760 马力），峰值扭矩为 750 牛·米，可在 3.5 秒内完成 0-100 公里/时加速，最高车速达到 354 公里/时。与发动机匹配的传动装置是六速手自一体变速箱，由一个电动液压系统控制。除了强劲的动力，阿斯顿·马丁 One-77 还使用了碳纤维一体式底盘结构、复合陶瓷刹车系统以及可调的悬挂系统。

第3章 经典跑车

阿斯顿·马丁One-77外观

阿斯顿·马丁One-77内饰

阿斯顿·马丁火神

阿斯顿·马丁火神（Aston Martin Vulcan）是英国阿斯顿·马丁汽车公司设计和制造的前置后驱跑车，在 2015—2016 年期间生产，一共生产了 24 辆，官方指导价为 230 万～340 万美元（约合 1600 万～2370 万元人民币）。

基本参数	
长度	4807 毫米
宽度	2063 毫米
高度	1235 毫米
轴距	2810 毫米
整备质量	1350 千克

外观内饰

阿斯顿·马丁火神鲶鱼形的前脸设计非常另类，夸张的进气格栅可以快速地将前方气流引入车头再经进气道从位于机舱盖的排气口排出，配合车头部分的空气动力套件起到了增大车头下压力的作用。白色 LED 光源前大灯的外形犀利，虽然结构并不复杂，但却显得非常富有科技感。LED 的尾灯外形非常有特点，在车灯点亮的状态下犹如烧红的火钳。巨大的尾翼是标准的赛车装备，阿斯顿·马丁火神上所装备的碳纤维尾翼可以给车身带来巨大的下压力，据称包括尾翼在内的整个车身空气动力套件所带来的下压力已经超过了该车自身重量。车尾处的注气口说明了阿斯顿·马丁火神具备赛车专用的气动千斤顶，方便比赛中进入维修站进行快速地举升和下降。

虽然阿斯顿·马丁火神的车内没有以往阿斯顿·马丁车型上的优雅华贵，不过大量的碳纤维却给了驾驶者另一番奢华的感官刺激。红线的镶嵌也更符合车内的运动氛围。中控台上一切功能都只满足于赛道驾驶，没有任何多余的电子设备可供娱乐。定制化的全液晶仪表可以清楚地记录赛道圈速成绩。

性能特点

阿斯顿·马丁火神搭载了一台 7.0 升 V12 自然吸气发动机,这并非是梅赛德斯—AMG 的产品,而是由阿斯顿·马丁的赛车研发团队在原有的代号为 AM11 的 V12 发动机基础上扩缸强化而来,611 千瓦(831 马力)的最大功率和 780 牛·米的峰值扭矩令人刮目相看。此外,阿斯顿·马丁火神配备了六速序列式变速箱、赛用限滑差速器以及镁合金扭矩管包裹的碳纤维传动轴。阿斯顿·马丁火神的悬挂设计非常紧凑,除了提升操控品质外,更有利于空气动力布局。

阿斯顿·马丁火神外观

阿斯顿·马丁火神内饰

阿斯顿·马丁 DB11

阿斯顿·马丁 DB11（Aston Martin DB11）是英国阿斯顿·马丁汽车公司设计和制造的前置后驱跑车，2016 年开始生产，官方指导价为 226.8 万～306.8 万元人民币。

基本参数 （DB11 V12）	
长度	4739 毫米
宽度	2060 毫米
高度	1279 毫米
轴距	2808 毫米
整备质量	1875 千克

外观内饰

阿斯顿·马丁 DB11 是阿斯顿·马丁和梅赛德斯-奔驰合作的首款产品，沿袭了阿斯顿·马丁经典的造型设计。前脸依旧是经典的阿斯顿·马丁梯形进气格栅，只是线条轮廓略有改动。变化最大的当属前大灯，远近光 LED 灯组采用了花瓣形十字造型设计，看上去十分独特别致。黄金分割比例的车身设计，让车身侧面看起来更加优雅。前轮上方有一个腮状的通风口，在高速行驶时可以增加前轴的稳定性和抓地力。简洁饱满的尾部设计配有细细的尾灯。与前轮侧腮设计一样，尾部的可自动升降扰流板同样具有增加车身稳定性的功能。

内饰方面，阿斯顿·马丁 DB11 延续了家族传统，几乎采用全真皮包裹。中控台采用家族式的直瀑形设计，按键式换挡虽无新意，但是水晶的按键材质糅合进中控面板中，显得非常精致。

性能特点

阿斯顿·马丁 DB11 不同车型的动力配置有所不同，所有车型可有两款发动机选择，一款是来自梅赛德斯—AMG 的 4 升 V8 双涡轮增压发动机，另一款则是阿斯顿·马丁自家的 5.2 升 V12 双涡轮增压发动机，均匹配 ZF 八速自动变速箱。虽然排量不同，但两款发动机的动力输出和表现却相差无几，V8 发动机最大扭矩为 675 牛·米，0—100 公里/时加速时间仅需 4 秒。V12 发动机最大扭矩为 700 牛·米，0～100 公里/时加速时间仅需 3.9 秒。

阿斯顿·马丁 DB11 外观

阿斯顿·马丁 DB11 内饰

阿斯顿·马丁 DBS 超级轻量版

阿斯顿·马丁 DBS 超级轻量版（Aston Martin DBS Superleggera）是英国阿斯顿·马丁汽车公司设计和制造的前置后驱跑车，2018 年开始生产，官方指导价为 373.8 万～500.7 万元人民币。

基本参数	
长度	4715 毫米
宽度	2145 毫米
高度	1280 毫米
轴距	2805 毫米
整备质量	1693 千克

外观内饰

阿斯顿·马丁 DBS 超级轻量版的外观造型延续了阿斯顿·马丁 DB11 的大部分设计方式，包括前大灯、腰线、尾部造型等。不过新车的前脸格栅设计更为激进，配备大量空气动力学套件，前脸采用标志性的大嘴式进气格栅，极具力量感。两侧的进气口与格栅相互呼应，使用更细密的蜂窝状设计。车身侧面柔美的线条保持了阿斯顿·马丁优雅的气质，配合微微宽体的后轮拱，彰显出一种力量感。LED 前大灯组造型简单大方，采用与阿斯顿·马丁 DB11 相似的内部造型，匹配灯带式日间行车灯。车尾整体看上去饱满圆润，下方双边共四出的排气搭配空气动力学套件让人印象深刻。

内饰部分，阿斯顿·马丁 DBS 超级轻量版采用熟悉的设计风格，从方向盘开始就带给驾驶者浓厚的运动感；中控部分采用悬浮式屏幕，与下方实体按键操作区相搭配，形成科技与机械的结合。此外，红色缝线设计和褶皱设计被大量应用于座椅和门饰板部分。

性能特点

顾名思义，阿斯顿·马丁 DBS 超级轻量版有很多的轻量化改进，比如全铝车架和碳纤维覆盖件，使整车比阿斯顿·马丁 DB11 轻了 182 千克。阿斯顿·马丁 DBS 超级轻量版搭载 5.2 升 V12 双涡轮增压发动机，在 6500 转/分时可输出最大功率为 533 千瓦（725 马力），在 1800～5000 转/分范围内维持 900 牛·米的峰值扭矩。传动系统配置按键式八速自动变速箱。

阿斯顿·马丁 DBS 超级轻量版外观

阿斯顿·马丁 DBS 超级轻量版内饰

迈凯伦 F1

基本参数	
长度	4287 毫米
宽度	1820 毫米
高度	1140 毫米
轴距	2718 毫米
整备质量	1138 千克

迈凯伦 F1（McLaren F1）是英国迈凯伦汽车公司设计和制造的中置后驱超级跑车，在 1992—1998 年期间生产，总产量为 106 辆，设计师为戈登·默里。2017 年，第一辆进口到美国的迈凯伦 F1 在圆石滩车展宝龙拍卖会上拍出 1420 万美元（约合 9900 万元人民币）的高价。

外观内饰

迈凯伦 F1 有非常多的空气动力学设计，车头下方两个进气口里面有两具电脑控制的吸气风扇，可以将空气吹向刹车碟加速其冷却，一部分气流从车头灯后方活动板开口排出，一部分气流从前轮后方的大型开口排出，风扇速度加快的时候可产生地面效应，以降低车头下方气压增加下压力；车门下方的小进气口是冷却机油与电子装置；前雨刷底部也有小型扰流板，车顶的进气口如同 F1 赛车一样是发动机进气口，后挡风玻璃下方大进气口用以冷却后刹车，其余开口和两组尾灯之间是发动机散热口。车尾底部也有气流扩散器加快车底气流排出增加下压力，气流扩散器前方底板还有一开口让部分气流通往发动机室协助散热；车尾上方的扰流版也会在刹车时自动升起协助刹车。

受到一级方程式赛车的启发，迈凯伦 F1 采用了三座位布局，以驾驶员座椅为中心的设计可以更好地看到前方的道路，它还提供了更多的头部空间。因为发动机舱通常在中央比侧面高，尤其是在超级跑车上常见的机盖式车顶上。另外由于驾驶员的体重在轻型跑车中起着很大的作用，因此居中可以改善车体重分布。

性能特点

迈凯伦 F1 搭载一款宝马汽车公司根据戈登·默里的特定要求开发的 V12 发动机。

与当时其他 V12 发动机不同，它配备了 12 个节气门，这意味着空气几乎可以立即进入气缸，从而提高了发动机响应速度。另外，气缸间距也仅相距 3 毫米，从而实现了超紧凑的设计。铬镍铁合金排气系统还充当后碰撞吸收器，使迈凯伦汽车成为首家将排气系统整合到汽车安全装置中的汽车制造商。迈凯伦 F1 曾经是世界上最快的量产车，最高车速达到 386.5 公里/时，这一纪录直到 2005 年才被打破。

迈凯伦 F1 外观

迈凯伦 F1 内饰

迈凯伦 P1

迈凯伦 P1（McLaren P1）是英国迈凯伦汽车公司设计和制造的中置后驱超级跑车，在 2013—2015 年期间生产，一共生产了 375 辆，官方指导价为 1260 万元人民币。

基本参数	
长度	4588 毫米
宽度	1946 毫米
高度	1188 毫米
轴距	2670 毫米
整备质量	1547 千克

外观内饰

迈凯伦 P1 的设计理念源自迈凯伦 F1，新车大量地采用了空气动力学设计，风阻系数仅为 0.34，在保证空气高速通过的前提下，还能为车身带来很好的下压力，碳纤维面板和后翼能够自动调整。该车拥有修长而低矮的车身，偏长的车尾平台，大尺寸进气口有助于机械系统的散热。同时，整车采用了被迈凯伦称为"单体笼"的碳纤维车体结构，大幅减轻了车重。但由于"单体笼"的车顶与车身是一个整体，所以迈凯伦 P1 没有敞篷版。车身上最引人注目的设计是车门侧面巨大的空气入口，以及车门顶部的空气入口，后者通过一个特别设计的气流通道，将空气引向车尾扰流翼。

内饰方面，为了让驾驶员集中精力，迈凯伦 P1 采用极简的内饰设计风格、数字化的仪表盘和触摸式的多媒体系统，并且大量采用碳纤维材料。除了中控台之外，座椅同样采用碳纤维包裹，每个座椅的重量仅有 10.5 千克，它的高度可以根据消费者的需求自行定制。同时还可以通过调节靠背角度来获取合适的坐姿，另外由于采用了大面积挡风玻璃，迈凯伦 P1 的车内也显得很宽敞。

性能特点

迈凯伦 P1 搭载 3.8 升 V8 双涡轮增压发动机，最大功率为 542 千瓦（737 马力），峰值扭矩达 720 牛·米。由迈凯伦自己研发的电动机可以输出 132 千瓦（179 马力），瞬时扭矩输出达 260 牛·米。该车使用后轮驱动并配备七速双离合变速箱，0～100 公里/时加速时间仅需 2.8 秒。测试表明，迈凯伦 P1 可以在纯电力驱动下行驶超过 10 公里。

迈凯伦 P1 外观

迈凯伦 P1 内饰

迈凯伦 570S

基本参数	
长度	4529
宽度	1915
高度	1201
轴距	2670
整备质量	1356

迈凯伦 570S（McLaren 570S）是英国迈凯伦汽车公司设计和制造的中置后驱跑车，2015 年开始生产，官方指导价为 243.6 万～ 270.8 万元人民币。

外观内饰

迈凯伦 570S 的车门采用了碳纤维材料，采用"蝴蝶门"设计风格。复杂而精细的车门不仅令进出更为便捷，而且还能引导空气经车侧进气口进入散热器。车身两侧巨大的导流口从后翼子板和车门一直伸至前翼子板上。全 LED 光源大灯总成，弯月造型与迈凯伦品牌标志如出一辙，这是从迈凯伦 650S 开始的最新家族设计方式，辨识度很高。车尾线条圆润饱满，散发出强烈的力量感。

迈凯伦 570S 的内饰布局十分简洁，悬浮式中控台的多功能按键区采用分层式设计，并且可控制车辆大部分舒适性功能，专为赛车打造的轻量化筒形座椅可将驾驶者牢牢锁在座椅上。整个中控台包满真皮，储物空间也得到大幅扩展。

迈凯伦 570S 外观

迈凯伦 570S 内饰

性能特点

迈凯伦 570S 搭载一台 3.8 升 V8 双涡轮增压发动机，能爆发出 419 千瓦（570 马力）的最大功率，在七速双离合变速箱的配合下，0～100 公里/时加速时间仅为 3.2 秒，0～200 公里/时加速时间仅需 9.5 秒，最高车速达 328 公里/时。

迈凯伦 720S

迈凯伦 720S（McLaren 720S）是英国迈凯伦汽车公司设计和制造的中置后驱跑车，2017 年开始生产，官方指导价为 339.8 万～378.8 万元人民币。

基本参数	
长度	4544 毫米
宽度	1930 毫米
高度	1196 毫米
轴距	2670 毫米
整备质量	1437 千克

外观内饰

迈凯伦 720S 的前脸造型看上去相当整洁，因为工程师把车头灯和前进气口整合到了一起——车灯简单地由一条 LED 灯构成，而其下方的开口则一直连通到热交换器，可以帮助冷却发动机和传动系统。与大部分跑车不同，迈凯伦 720S 的车前灯带使用了直立而非曲面的灯罩，因此其 LED 所产生的灯光效果也更好。迈凯伦 720S 的车身侧面并没有迈凯伦大部分车型标志性的巨大进气口，不过工程师想出了一个别出心裁的解决办法——其将车门拆成了两块，创造出了一丝缝隙让气流得以通过。它不仅仍旧能为主散热器提供充足的冷却气流，还能避免传统大进气口所带来的增加空气阻力的问题。

迈凯伦轻巧的碳纤维单体座舱一直都是其一大卖点，而在迈凯伦 720S 身上，迈凯伦开始运用第二代碳纤维单体座舱结构。经过重新设计的单体座舱不仅拥有更加宽敞的内部空间，方便驾驶者进出，而且其重量也再一次得以减轻。

性能特点

迈凯伦 720S 搭载一台 4 升 V8 双涡轮增压发动机，最大功率为 530 千瓦（720 马力），最大扭矩为 770 牛·米，0～100 公里/时加速时间仅需 2.9 秒。为了优化底盘性能，迈凯伦一直致力于发展"最优控制理论"——通过一系列复杂的数学算法和编码，让车辆能够根据路况和环境来调整底盘高度、悬挂硬度和轮胎与地面的接触面积。迈凯伦 720S 就是这样一款"聪明"的超跑车，它能根据实际情况优化抓地力和性能表现，同时还能兼顾驾乘的舒适度。

迈凯伦 720S 外观

迈凯伦 720S 内饰

西尔贝大蜥蜴

西尔贝大蜥蜴（SSC Tuatara）是美国西尔贝汽车公司设计和制造的跑车，2011年对外发布，2020年开始量产。该车的官方指导价暂未公布，但是早在2013年，西尔贝曾计划要价130万美元（约合910万元人民币）。

基本参数	
长度	4633 毫米
宽度	2605 毫米
高度	1067 毫米
轴距	2672 毫米
整备质量	1247 千克

外观内饰

西尔贝大蜥蜴的外观采用了仿生学的设计理念，其设计灵感源于新西兰的一种拥有翅膀的大蜥蜴。完全由碳纤维构成的车身、底盘，无疑为西尔贝大蜥蜴带来极度的轻量化。此外，该车也是世界上第一款搭载单体铸造的碳纤维轮毂量产跑车，每个轮毂仅重5.9千克，让西尔贝大蜥蜴的脚步更加轻盈。车尾的直立式尾翼也是令西尔贝大蜥蜴达到惊人速度的元素之一，这种优秀的空气力学设计同样源于新西兰大蜥蜴。

西尔贝大蜥蜴车内的舒适度也足够让人满意，有高端音响系统，空调系统，电动车窗和可电动调节的赛车式平底方向盘，全液晶仪表盘并没有花哨的UI界面，只是简单明了地显示出与驾驶相关的信息。中控台设有大尺寸触控屏，可实现驾驶模式设置以及各种娱乐功能。值得一提的是，西尔贝大蜥蜴配有换挡拨片，并且方向盘上还设有换挡指示灯。

性能特点

西尔贝大蜥蜴搭载一台5.9升V8双涡轮增压发动机，如果使用高阶的E85乙醇汽油（乙醇含量达85%），最大功率可达1305千瓦（1774马力），而如果使用辛烷值为 91 的汽油，则可产生 1007 千瓦（1369 马力）。与之匹配的传动装置是 CIMA 七速自动变速箱，在赛道模式下 100 毫秒内就可完成换挡。西尔贝大蜥蜴的最高车速可达 483 公里/时。

西尔贝大蜥蜴外观

西尔贝大蜥蜴内饰

捷豹 XJ220

捷豹 XJ220（Jaguar XJ220）是英国捷豹汽车公司设计和制造的中置后驱超级跑车，在 1992—1994 年期间生产，总产量为 282 辆，1993 年时的官方指导价为 47 万英镑（约合 417 万元人民币）。

基本参数	
长度	4930 毫米
宽度	2009 毫米
高度	1150 毫米
轴距	2640 毫米
整备质量	1470 千克

外观内饰

捷豹 XJ220 的外观较为特殊，整车长度将近 5 米，然而由于大量使用铝制部件，整备质量仅为 1470 千克。铝制部件被广泛地用于底盘和车身。底盘采用的是航空级别的铝制蜂窝状结构，悬挂采用铸造铝，车身部件为铝合金材料。该车的大灯为下塌式，属于跳灯的一种，这在 20 世纪 90 年代是一种非常流行的设计。内饰方面，当时尚未有碳纤维材质的大量运用，因此捷豹 XJ220 的内饰仍然采用传统营造豪华感惯用的真皮包裹。

性能特点

捷豹 XJ220 最初搭载 6.2 升 V12 发动机，与其他发动机相比，体积更小、功能更大、燃油效率更高，最高车速达 354 公里/时。量产后，捷豹 XJ220 的动力系统被换成 3.5 升 V6 涡轮增压发动机，搭配五速手动变速箱，最大功率从 515 千瓦（700 马力）降低到 399 千瓦（542 马力）。1992 年，一辆由英国车手驾驶的捷豹 XJ220 在意大利纳尔多赛道先跑出 341.7 公里/时的极速成绩，随后再创下 349.4 公里/时的量产车极速纪录。

捷豹 XJ220 外观

捷豹 XJ220 内饰

保时捷卡雷拉 GT

保时捷卡雷拉 GT（Porsche Carrera GT）是德国保时捷汽车公司设计和制造的中置后驱跑车，在 2003—2007 年期间生产，总产量为 1270 辆，官方指导价为 645 万元人民币。

基本参数	
长度	4613 毫米
宽度	1921 毫米
高度	1166 毫米
轴距	2730 毫米
整备质量	1380 千克

外观内饰

保时捷卡雷拉 GT 拥有许多来自勒芒耐力赛冠军赛车保时捷 911 GT1 的设计灵感，该车旨在将赛道性能和灵活的操控性能相结合。人们一眼便能分辨出它是保时捷前照灯取自保时捷 917——在勒芒耐力赛上获胜的第一辆保时捷汽车。在车速达到最高速度时为车辆提供下压力的标志性尾翼也是保时捷的独特设计。为使车辆在最高速度时尽量保持安全，保时捷设计师为其装备了前部和侧面防撞安全气囊、防抱死制动系统和牵引力控制装置、大功率氙气前照灯，并在驾驶员座椅和乘客座椅周围采用了钢制结构。挡风玻璃和窗户的设计使其从各个角度都能获得最大视野。

保时捷卡雷拉 GT 的内部与赛车一样采用最简洁的设计。踏板采用了赛车传统样式。方向盘和中控台的位置全部采用人机工学设计，以便驾驶员能够轻松触及。点火开关的位置位于方向盘左边，而不是右边，这是为了在进入汽车时能够更轻松地起动。点阵式显示屏用于显示行车总里程、单次行程里程和其他数据，并且车辆还装备有导航系统和博士立体声系统。

性能特点

保时捷卡雷拉GT搭载5.7升V10发动机,拥有450千瓦(612马力)的最大功率,0～100公里/时加速时间仅需3.9秒,0～200公里/时加速时间仅需9.9秒,极速达到330公里/时。该车的轮毂由锻造镁而非一般的铝合金制成。当轮胎气压下降时,车轮的轮胎压力监测系统可自动检测并向驾驶者发出警告信号。可以使用车上的轮胎修理工具修补任何漏气之处,从而不必更换备胎。

保时捷卡雷拉GT 外观

保时捷卡雷拉GT 内饰

保时捷 918 斯派德

保时捷 918 斯派德（Porsche 918 Spyder）是德国保时捷汽车公司设计和制造的中置四驱跑车，在 2013—2015 年生产，总产量为 918 辆，官方指导价为 1338.8 万～1463.5 万元人民币。

基本参数	
长度	4643 毫米
宽度	1940 毫米
高度	1167 毫米
轴距	2730 毫米
整备质量	1634 千克

外观内饰

保时捷 918 斯派德融入了保时捷赛车的精华部分，车辆底盘采用碳纤维强化塑料制成，车身广泛使用镁和铝为材质，这样的结果就是整备质量只有 1634 千克。内饰方面，以大胆夸张且配合高科技为主基调。为了配合车子的环保主张，车内的镶边及真皮缝制部分以绿色为主，看上去清新自然。而包括方向盘、仪表盘、中控台等关键部分也同样显得未来感十足。

性能特点

保时捷 918 斯派德搭载 4.6 升 V8 自然吸气发动机，在 8700 转 / 分时可输出最大 558 千瓦（608 马力），在 6700 转 / 分时则可输出峰值扭力 540 牛·米，发动机最高转速可达 9150 转 / 分。此外，前后轴各自搭载一具电动马达作为辅助动力输出，分别可提供 447 千瓦 129 马力与 154 马力的动力，让其综效动力在 8500 转 / 分时可输出最大 652 千瓦（887 马力，瞬间峰值扭力可达 1280 牛·米，与强化的七速双离合器变速箱搭配，0-100 公里 / 时加速时间仅需 2.8 秒，0～200 公里 / 时加速时间只需 7 秒，极速可达 343 公里 / 时。若在纯电动马达行驶下，0～100 公里 / 时加速时间也只需 6.9 秒，极速可达 150 公里 / 时。

保时捷 918 斯派德外观

保时捷 918 斯派德内饰

保时捷 992

保时捷 992（Porsche 992）是德国保时捷汽车公司设计和制造的后置后驱/四驱跑车，是保时捷 911 系列的最新成员，2019 年开始生产，官方指导价为 126.5 万～216.1 万元人民币。

基本参数	
长度	4519 毫米
宽度	1852 毫米
高度	1289 毫米
轴距	2450 毫米
整备质量	1480 千克

外观内饰

从 1963 年保时捷 911 第一代问世以来，至今共经历了八代车型，因其独特的风格与极佳的耐用性享誉世界。历代保时捷 911 系列车型的外观变化并不大，设计师在保证不改变现状的前提下，通过完善细节获得焕然一新的效果。与上一代车型相比，保时捷 992 的车身更宽更大，视觉效果更好。前脸保险杠两侧百叶窗状格栅更平直，首次使用了电动伸出嵌入式门把手。配备全新的 LED 矩阵式大灯，尾部采用全新贯穿式尾灯设计。

内饰方面，保时捷 992 的设计灵感来自保时捷 911 第一代。整体设计方式秉承极简主义，经典的"五连表"得以传承，不同的是保时捷 992 只保留中间一个为机械仪表，其余四个均为液晶仪表。中控台配备有一个 10.9 英寸触摸屏，中控台下方设置了触摸按钮。

性能特点

保时捷 992 搭载更高效的发动机，Carrera S 和 Carrera 4S 配备 3 升涡轮增压发动机，最大功率为 331 千瓦（450 马力），峰值扭矩达 530 牛·米。Carrera S 的 0～100 公里/时加速时间仅需 3.7 秒，最高车速为 308 公里/时；Carrera 4S 的 0～100 公里/时加速时间仅需 3.6 秒，最高车速为 306 公里/时。相比上一代车型，0～100 公里/时加速时间均提升了 0.4 秒。

保时捷992外观

保时捷992内饰

梅赛德斯-奔驰 SL 级

梅赛德斯—奔驰 SL 级（Mercedes-Benz SL Class）是德国梅赛德斯—奔驰汽车公司设计和制造的前置后驱双门跑车，1954 年开始生产，到 2020 年已经发展到第六代，官方指导价为 99.38 万～ 199.8 万元人民币。SL 是英文 Super Light 的缩写，意为超轻量化。

基本参数（第六代）	
长度	4612 毫米
宽度	1877 毫米
高度	1315 毫米
轴距	2585 毫米
整备质量	1675 千克

外观内饰

梅赛德斯—奔驰 SL 级的车头颀长而低伏，有股不怒自威的气势。宽而扁的发动机盖上，有三道醒目的筋线。而前进气格栅有一条粗壮的横向镀铬装饰，三叉星标志镶在其中。车身侧面、侧裙边向内收敛的线条使车身更紧凑。两侧前翼子板上的出风口有很好的装饰效果，似短箭上的羽翼。同样，发动机舱盖上有两个进气口，不过只有右侧（以车内驾驶员位置论）是真的进气口，下面连接的是通风管，左侧仅作为装饰性工具。

梅赛德斯—奔驰 SL 级的多功能方向盘具有高度的操作舒适性。标准装备的带灰尘筛检程式的自动恒温控制系统，可保证车舱内保持怡人的温度。该车拥有非常舒适的侧部加强型整体式座椅，具备电动调节和座椅加热功能。

性能特点

梅赛德斯—奔驰 SL 级有多种动力可选，包括 3 升 V6 双涡轮增压发动机、3 升 I6 涡轮增压发动机、3.5 升 V6 发动机、4 升 V8 双涡轮增压发动机、4.7 升 V8 双涡轮增压发动机、5.5 升 V8 双涡轮增压发动机、6 升 V12 双涡轮增压发动机等。其中，

SL 500 搭载 4.7 升 V8 双涡轮增压发动机和九速自动变速箱,最大功率为 335 千瓦(455 马力),峰值扭矩为 700 牛·米,0~100 公里/时加速时间为 5.4 秒。

梅赛德斯—奔驰 SL 级的主动悬挂控制可以把启动和制动时的车身晃动降到最低。这套系统装有 10 个监视车辆状态的感测器,可以减弱转弯时车辆的横向晃动。这不仅提供了更具动感的驾驶体验,也提高了安全性能。同时,更直接的速度感应动力转向也会使驾驶者受益匪浅。

梅赛德斯—奔驰 SL 级第六代外观

梅赛德斯—奔驰 SL 级第六代内饰

梅赛德斯—奔驰 SLR 迈凯伦

梅赛德斯—奔驰 SLR 迈凯伦（Mercedes-Benz SLR McLaren）是梅赛德斯—奔驰汽车公司和迈凯伦汽车公司联合制造的中置后驱跑车，在 2003—2010 年期间生产，一共生产了 2157 辆，官方指导价为 800 万元人民币。

基本参数	
长度	4656 毫米
宽度	1908.5 毫米
高度	1261 毫米
轴距	2700 毫米
整备质量	1743 千克

外观内饰

梅赛德斯—奔驰 SLR 迈凯伦不仅使用了众多 F1 赛车设计元素，更将航空和 F1 赛车领域的设计亮点首次运用在量产车上，这其中最引人注目的就是其碳纤维打造的车身，车门以及发动机罩，这种轻量化材料具有非同寻常的能量吸收能力，可以确保最高标准的乘客安全保护。箭形车头设计源于曾经夺冠的 F1 赛车，其前端包含了梅赛德斯—奔驰三叉星标志，并使保险杠的整体外观显得更加厚实和强健。

梅赛德斯—奔驰 SLR 迈凯伦的内饰显示出极度的实用性和豪华性，车内全部使用手工制成黑红相搭配的高级真皮。该车拥有可电动调节的座椅、GPS 全球卫星定位、博士音响、电动方向盘调节、左右分区的自动空调，以及前面、侧面、头部和膝部安全气囊等。

性能特点

梅赛德斯—奔驰 SLR 迈凯伦搭载的是梅赛德斯—AMG 设计制造的 5.4 升 V8 涡轮增压发动机，在 6500 转 / 分时的最大功率为 460 千瓦（626 马力），而达到 3250 转 / 分时可以提供 780 牛·米的超强峰值扭矩。该车配备五速自动变速箱，0～100 公里 / 时加速时间仅需 3.8 秒，而 0～200 公里 / 时加速时间仅需 10.6 秒，最高车速可达 334 公里 / 时。

梅赛德斯—奔驰SLR迈凯伦外观

梅赛德斯—奔驰SLR迈凯伦内饰

梅赛德斯-奔驰 SLS AMG

梅赛德斯—奔驰 SLS AMG（Mercedes-Benz SLS AMG）是德国梅赛德斯—奔驰汽车公司设计和制造的前中置后驱跑车，在 2010—2014 年期间生产，官方指导价为 308 万～380 万元人民币。

基本参数	
长度	4638 毫米
宽度	1939 毫米
高度	1252 毫米
轴距	2680 毫米
整备质量	1619 千克

外观内饰

梅赛德斯—奔驰 SLS AMG 的外观仿照 1954 年上市的梅赛德斯—奔驰 300SL，包括一对鸥翼车门，发动机置于头轴之后，乘坐位置靠近尾轴，属于典型的头长尾短 GT 设计。在经典的复古躯壳下，内饰同样充满了不落俗套的赛道气息。开启角度为 70°的鸥翼车门不仅外观引人注目，而且不会影响进出的便利性。飞机驾驶舱风格的驾驶室内，混合使用了真皮、麂皮、碳纤维和铝合金材质，可选的内饰颜色也达到了 5 种。该车的内饰线条构成比较简单，仪表盘的布局同样很简约，中控台部位混合应用了碳纤维和金属材质。

性能特点

梅赛德斯—奔驰 SLS AMG 搭载梅赛德斯—AMG 研制的 6.2 升 V8 自然吸气发动机，可产生 420 千瓦（571 马力）的最大功率及 650 牛·米的峰值扭矩。该车配备一具格特拉克研发制造的 DCT 七速双离合变速箱，与其他高性能双离合变速箱一样，采用前后纵列式布局，整体后置的变速箱通过位于套管保护中的碳纤维传动轴与 V8 发动机连接，最大限度地平衡了前后轴重量分配。梅赛德斯—奔驰 SLS AMG 的 0—100 公里/时加速时间仅需 3.8 秒，极速为电子限速器限制下的 317 公里/时。

梅赛德斯—奔驰 SLS AMG 外观

梅赛德斯—奔驰 SLS AMG 内饰

宝马 Z4

宝马 Z4（BMW Z4）是德国宝马汽车公司设计和制造的前置后驱双门跑车，2002 年开始生产，到 2020 年已经发展到第三代，官方指导价为 48.88 万～63.38 万元人民币。

基本参数（第三代）	
长度	4324 毫米
宽度	1864 毫米
高度	1304 毫米
轴距	2470 毫米
整备质量	1405 千克

外观内饰

宝马 Z4 外观上的主要特征是狭长的车头加上短小的尾部，前脸依然是宝马传统的家族造型，整车看上去更加优雅。而宝马 Z4 最具风格的设计来自它的侧面，长得略显夸张的发动机舱让驾驶室在视觉上后移了不少，这也让宝马 Z4 有了更多复古的韵味。醒目的宝马车标同样出现在车身的两侧。流畅的线条贯穿前后，直至车尾仍然不遗余力地表达着一股强烈的运动气息。车尾虽短，却在末端仍然可以清晰地看到宝马车型上习惯的微翘风格。尾灯设计简洁而精致。

宝马 Z4 的内饰比较简洁，很少出现不太符合运动特质的配置，它更加追求一种纯粹的驾驶乐趣，T 形三辐式方向盘及其内侧的手动换挡拨片完全可以激发人们的驾驶欲望，上面的多项功能控键操作方便、尽在掌握。包裹式座椅集运动性与舒适性于一身。车内大面积采用钛金装饰，与黑色为主色调的内饰搭配在一起，运动味更加浓厚。富有层次感的中控台清晰地布置着各种控制按键，双筒状的仪表盘阅读起来非常方便。

性能特点

宝马 Z4 第三代有两种型号的发动机可选，即 B48 型 2 升 I4 涡轮增压发动机和 B58 型 3 升 I6 涡轮增压发动机。与发动机匹配的传动装置是 ZF 八速自动变速箱。

各个车型中性能最出色的 M40i (US) 搭载 3 升 I6 发动机，最大功率为 281 千瓦（382 马力），峰值扭矩为 500 牛·米，0～100 公里/时加速时间为 4.2 秒。

宝马 Z4 第三代外观

宝马 Z4 第三代内饰

奥迪 R8

奥迪 R8（Audi R8）是德国奥迪汽车公司设计和制造的中置后驱/四驱跑车，2006 年开始生产，2015 年推出第二代车型，官方指导价为 195.3 万～230 万元人民币。

基本参数（第二代）	
长度	4426 毫米
宽度	1940 毫米
高度	1240 毫米
轴距	2620 毫米
整备质量	1555 千克

外观内饰

奥迪 R8 车身紧贴路面，车身尾部肌肉感十足，车门与侧边导流风口的过渡部分其设计也很协调。在车门后方的轮拱和车顶之间，配有宽大的空气进气口，可为 V8 发动机的进气及冷却提供足够的风量。奥迪 R8 的中网设计使用黑色塑料条代替了奥迪车型常用的银色镀铬饰条，车前大灯经过重新设计，横状 L 形设计的日间行车灯比现款更加犀利。六个陷入式灯源组合成的转向灯经过重新设计，被安排在车大灯的上方。车尾方面，扁平的八字形尾灯极具攻击性，排气管为圆形。

奥迪 R8 驾驶舱内所有元素的风格和布局都十分注重驾驶本质：一切以驾驶者为中心。颜色的使用和整体氛围的营造都体现了美学和人体工学的完美结合。中控台上部的仪表盘微微向驾驶者倾斜。平底的方向盘具有典型的奥迪运动车型风格，并且便于驾驶者出入。车内人员有充分的活动空间，舒适度远远超出高品质的赛车标准。座椅后部的空间可以放置大型储物包，甚至可以放置两个高尔夫球包。前部的行李厢容积为 100 升。

性能特点

奥迪 R8 搭载 5.2 升 V10 发动机和七速双离合变速箱,标准版最大功率 419 千瓦(570 马力),峰值扭矩为 550 牛·米,0～100 公里/时加速时间仅需 3.4 秒,最高车速为 331 公里/时。性能版最大功率 456 千瓦(620 马力),峰值扭矩为 565 牛·米,0～100 公里/时加速时间仅需 3.1 秒,最高车速为 329 公里/时。所对应的敞篷版加速成绩分别为 3.5 秒和 3.2 秒。

奥迪 R8 第二代外观

奥迪 R8 第二代内饰

雪佛兰科尔维特

雪佛兰科尔维特（Chevrolet Corvette）是美国雪佛兰汽车公司设计和制造的前置/中置后驱双门跑车，1953年开始生产，到2020年已经发展到第八代，编号为C1直到C8。第八代车型的官方指导价为5.59万~12.3万美元（约合39万~86万元人民币）。

基本参数（第八代）	
长度	4630毫米
宽度	1933毫米
高度	1234毫米
轴距	2723毫米
整备质量	1527千克

外观内饰

雪佛兰科尔维特系列跑车早期一直采用前置后驱、两门两座的布置方式，第八代车型首度采用中置后驱、两门两座的布置方式。车前的品牌标志也有所改变，中间的夹角更小。第八代车型的外观比上一代激进不少，更新后的空气动力学套件更加凶悍，同时更短的前悬挂也很好地塑造出了运动气息。值得一提的是，第八代车型可支持车头独立升高，所以通过性没有下降。

性能特点

长久以来，雪佛兰科尔维特被认为是美国跑车的代表之作。它在美式跑车中以操控性能出众著称，这也是雪佛兰科尔维特系列成功的一大原因。因为其相对于欧洲竞争对手出色的性价比，雪佛兰科尔维特在美国的保有率很高。第八代车型搭载升级的6.2升V8发动机，最大功率为360千瓦（490马力），峰值扭矩为630牛·米，选装性能排气套件后，输出则增加到364千瓦（495马力）和640牛·米。此外，第八代车型首次匹配并全系标配了专属的八速双离合自动变速箱，官方称0~100公里/时加速时间低于3秒。

雪佛兰科尔维特第八代外观

雪佛兰科尔维特第八代内饰

福特野马

福特野马（Ford Mustang）是美国福特汽车公司设计和制造的跑车，1964 年开始生产，到 2020 年已经发展到第六代，官方指导价为 39.98 万～42.98 万元人民币。

基本参数（第六代）	
长度	4784 毫米
宽度	1916 毫米
高度	1381 毫米
轴距	2720 毫米
整备质量	1600 千克

外观内饰

福特野马的外观朴实无华，但从骨子里散发着一种野性。一切以实用为主，是福特野马的一个突出特点。前脸显得过于保守，与普通轿车相比并没有太大区别，丝毫没有显示出跑车的霸气。发动机盖上的两条折线，水箱护罩中间的骏马标志，是整个车头部分最引人注目的元素。黑色的蜂窝状散热格栅，更加衬托出镀铬车标的气势。车身侧面虽然仍以沉稳为主，但是一条梯形的凹线从前翼子板开始，直贯后翼子板，将整车的动感展露出来。尾部也以稳重为主，要不是尾翼的提醒，很难将福特野马划入跑车之列。

内饰方面，所有塑料件均有柔软的质感，仪表台采用铝合金面板，方向盘上的银色部分也由金属材料制成，用强烈的金属感来衬托外观的肌肉感，同时能够满足现代时尚的审美观。可设置颜色的仪表板，将个性化推到了极致。

性能特点

福特野马第六代有多种动力可选，包括 2.3 升 I4 发动机、5 升 V8 发动机、5.2 升 V8 发动机。与发动机匹配的传动装置是六速自动变速箱，也可选装六速手动变速箱。其中，5 升 V8 发动机的最大输出功率为 324 千瓦（441 马力），峰值扭矩为 542 牛·米。

福特野马第六代外观

福特野马第六代内饰

日产 GT-R

日产 GT-R（Nissan GT-R）是日本日产汽车公司设计和制造的前置四驱跑车，2007 年开始生产，官方指导价为 148 万～ 235 万元人民币。

基本参数	
长度	4671 毫米
宽度	1902 毫米
高度	1372 毫米
轴距	2780 毫米
整备质量	1740 千克

外观内饰

日产 GT-R 造型硬朗，线条融入机动战士高达（中国大陆市场官方译名为"敢达"，而民间一直称"高达"）的设计元素，车体的每道线条实际都具有导流功能，设计上有别于欧洲的跑车，而呈现出独特的日本文化。日产 GT-R 内饰线条刚硬，方向盘上设有换挡拨片，中控台上方设有一个高科技多功能行车数据显示屏。

性能特点

日产 GT-R 搭载 3.8 升 V6 双涡轮增压发动机，早期版的 0 ～ 100 公里 / 时加速时间为 3.4 秒，2011 年款则仅需 2.9 秒，最高车速为 318 公里 / 时。2012 年款的 0 ～ 100 公里 / 时加速时间提升到 2.8 秒。2014 年款的风阻系数有所降低，动力调校有所提高，0 ～ 100 公里 / 时加速时间进一步缩减到 2.7 秒，发动机最大功率输出为 407 千瓦（553 马力），峰值扭矩为 628 牛·米。到了 2020 年 NISMO 版，其发动机最大功率达到 441 千瓦（600 马力），峰值扭矩为 652 牛·米。

2020年款日产GT-R外观

2020年款日产GT-R内饰

雷克萨斯 LFA

雷克萨斯 LFA（Lexus LFA）是日本雷克萨斯汽车公司设计和制造的跑车，在 2010—2012 年期间生产，官方指导价为 598.8 万元人民币。

基本参数	
长度	4505 毫米
宽度	1895 毫米
高度	1220 毫米
轴距	2605 毫米
整备质量	1614 千克

外观内饰

雷克萨斯 LFA 的车体框架大量采用了一种名为碳纤维增强复合型聚合物的材料，全车的 65% 均使用这种达到航空器材标准的材料，而剩下的 35% 则以铝合金为主要材料。这种材料可以大幅减轻整备质量，可以比部使用铝合金材料减重大约 100 千克，而且刚性极佳。车体组件则以耐用而轻巧的玻璃钢制造，造价比碳纤维增强复合型聚合物低廉，其车体也十分重视空气力学效应，平整化的车架工程，加上后扩散扰流板的作用与电控自动调节的尾翼，风阻系数仅为 0.31。此车体搭配前中置发动机和后置变速器及散热器的布局，拥有几乎接近完美的前后车身配重比。

雷克萨斯 LFA 的内部综合使用了碳纤维、皮革、金属以及阿尔坎塔拉等面料。两个运动桶形赛车座椅附有软垫，内饰的颜色及材料可以自由选择及搭配。仪表盘采用 TFT 数字薄膜晶体管的全数位显示屏，可进行背景颜色及子菜单之间的切换操作。

性能特点

雷克萨斯 LFA 搭载一款由丰田集团和山叶株式会社共同开发的 4.8 升 V10 自然吸气发动机，压缩比为 12：1。其 V 型夹角为 72°，搭配丰田集团的双 VVT-i 可变气门正时系统，可在 8700 转 / 分时输出 412 千瓦（560 马力）的最大功率，其输出扭矩自 3700 转 / 分开始，便可输出其峰值扭矩的 90%，峰值输出扭矩出现在 6800 转 / 分，为 480 牛·米，而发动机红线为 9000 转 / 分。与发动机匹配的是爱信六速自动变速箱。

雷克萨斯LFA外观

雷克萨斯LFA内饰

第 4 章
经典运动休旅车

运动休旅车（Sport Utility Vehicle，SUV）是一种拥有旅行车般的空间机能，配以货卡车的越野能力的车型，其特点是强动力、越野性、宽敞舒适及良好的载物载客功能。

劳斯莱斯库里南

劳斯莱斯库里南（Rolls-Royce Cullinan）是英国劳斯莱斯汽车公司设计和制造的前置四驱 SUV，2018 年开始生产，官方指导价为 610 万～780 万元人民币。

基本参数	
长度	5341 毫米
宽度	2164 毫米
高度	1835 毫米
轴距	3295 毫米
整备质量	2660 千克

外观内饰

劳斯莱斯库里南与劳斯莱斯幻影第八代出自同一平台，也是劳斯莱斯推出的第二款铝制结构车型，车头方方正正，辨识度很强。劳斯莱斯库里南采用帕特农神庙样式进气格栅，搭配矩形前大灯组彰显出车辆的奢华本色。发动机盖上隆起的线条让整车的威严感更加强烈，劳斯莱斯车标和欢庆女神伫立于车头，更具气势。该车采用对开门设计，开门时车身会自动下降 40 毫米，方便乘客上下车，启动后车身则会自动升高。在车尾，劳斯莱斯库里南有一个浪漫功能——伸缩式览景座椅，只需一键开启，隐蔽在后备厢的两个真皮座椅和鸡尾酒桌便会缓缓展开。

内饰方面，劳斯莱斯库里南大量使用高档真皮覆盖，并采用大量平直的线条，中控面板的边框由手工打磨的金属条包裹，不仅将上部的仪表板和中部的控制台连接起来，更通过容纳仪表板上的横向设计元素，增加了掌控感。在副驾驶座前还镶嵌一块石英表，彰显了属于劳斯莱斯特有的贵族气质。方向盘沿用了经典的三辐式造型，但是整体设计更加小巧、厚实，并且内部包裹有可加热的柔软材质。

性能特点

劳斯莱斯库里南放弃了劳斯莱斯一直以来沿用的 V12 自然吸气发动机，转而使用全新设计的 6.75 升 V12 双涡轮增压发动机，最大功率为 419 千瓦（570 马力），峰值扭矩达 850 牛·米。与发动机匹配的传动装置是八速自动变速箱和全时四驱系统，官方给出的 0～100 公里/时加速时间为 5.2 秒。

第 4 章　经典运动休旅车

劳斯莱斯库里南外观

劳斯莱斯库里南内饰

宾利添越

宾利添越（Bentley Bentayga）是英国宾利汽车公司设计和制造的前置四驱 SUV，2015 年开始生产，官方指导价为 246.2 万～398 万元人民币。

基本参数	
长度	5141 毫米
宽度	1998 毫米
高度	1742 毫米
轴距	2992 毫米
整备质量	2440 千克

外观内饰

宾利添越的外观依然采用家族化的设计风格，其有较高的品牌辨识度，而在一些细节上，它沿袭了曾经宾利 EXP 9 F 概念车的设计灵感，使之看起来更加精致。

宾利添越内饰延续了宾利的奢华风格，从里到外均采用木质与皮革材料手工制作，而整体风格呈飞翼式设计。在功能区设计上，宾利添越采用了传统的布局，虽然没什么抢眼之处，但是非常便于操作。宾利添越拥有四座和五座两种车型，同时其座椅均采用上等牛皮缝制，并拥有至少 15 种可选的配色方案。另外，在舒适度设计上，它的前后排座椅均具有按摩、加热、通风等功能。后排配备宾利娱乐平板电脑，拥有 10.2 英寸触摸屏。

性能特点

宾利添越搭载一台 6 升 W12 双涡轮增压发动机，最大输出功率为 447 千瓦（608 马力），峰值扭矩为 900 牛·米。与发动机匹配的传动装置是八速自动变速箱。官方称，该车 0～100 公里/时加速时间为 4.1 秒，最高时速可达 301 公里/时。宾利添越提供多达 8 种公路越野驾驶模式，将宾利原汁原味的奢华和性能展现得淋漓尽致。该车不仅能在宽阔的道路上疾驰,也能在各种野外路况下行驶,即使纵横倾角达 35°的严苛地形,也能轻松翻越。安全方面,宾利添越配备了自适应巡航控制系统,包括起停控制、预测性自适应巡航控制系统和交通辅助系统。

宾利添越外观

宾利添越内饰

兰博基尼野牛

兰博基尼野牛（Lamborghini Urus）是意大利兰博基尼汽车公司设计和制造的前置四驱 SUV，2018 年开始生产，官方指导价为 291.2 万～ 294.1 万元人民币。

基本参数	
长度	5113 毫米
宽度	2017 毫米
高度	1638 毫米
轴距	3002 毫米
整备质量	2200 千克

外观内饰

兰博基尼野牛在基本保持家族特征的基础上进行了优化与创新，颇显硬朗与阳刚的气息。前大灯设计得非常犀利，中下方宽大的进气格栅霸气十足，发动机盖和车身侧面所勾勒出的肌肉线条也将 SUV 应有的力量感展现得淋漓尽致。

内饰方面，兰博基尼野牛延续了兰博基尼家族式的特征，整个中控台采用由锻造复合材料制成的骨架式碳纤维结构，贯穿整个车内空间，部分区域由采用皮革包裹的软垫覆盖。四个座椅的表面由多个独立式坐垫覆盖。

性能特点

兰博基尼野牛并未搭载兰博基尼著名的 V10 自然进气发动机（原概念车所使用的发动机）及 V12 自然进气发动机，而是采用全新开发的 4 升 V8 双涡轮增压发动机，最大功率达 471 千瓦（641 马力），峰值扭矩为 850 牛·米，最大转速 6800 转/分，成为兰博基尼史上第一款采用涡轮增压发动机的量产车。该车除了装备有 24 英寸的炭黑色轮毂外，还配备了兰博基尼埃文塔多的碳纤维陶瓷刹车系统。

第 4 章 经典运动休旅车

兰博基尼野牛外观

兰博基尼野牛内饰

阿斯顿·马丁 DBX

阿斯顿·马丁 DBX（Aston Martin DBX）是英国阿斯顿·马丁汽车公司设计和制造的前置四驱 SUV，2020 年开始生产，官方指导价为 237.8 万元人民币。

基本参数	
长度	5039 毫米
宽度	1998 毫米
高度	1680 毫米
轴距	3060 毫米
整备质量	2245 千克

外观内饰

阿斯顿·马丁 DBX 的前脸采用了阿斯顿·马丁标志性的"大嘴式"进气格栅，配合两侧犀利的前大灯组以及下方环形日行灯，具有极高的辨识度。车身侧面，阿斯顿·马丁 DBX 跟传统 SUV 设计不太一样，有点溜背的感觉，看上去更加运动化。

阿斯顿·马丁 DBX 采用棕色的内饰，整体内饰设计极致奢华，厂家可以给用户提供三个不同等级的真皮材质，还可以选择羊毛毡作为内饰材质。至于内饰饰板，更有碳纤维、时尚木纹、天然亚麻织物可供选择。此外，阿斯顿·马丁 DBX 车内还搭载了 12.3 英寸全液晶仪表盘以及 10.25 英寸液晶中控屏，两块高清液晶屏幕给车内营造了满满的科技氛围，而且阿斯顿·马丁 DBX 还在驾驶舱内设置了 64 色氛围灯，与奢华内饰交相辉映，竟显豪华。

性能特点

阿斯顿·马丁 DBX 搭载排量 4 升 V8 双涡轮增压发动机和九速自动变速箱，动力输出高达 405 千瓦（550 马力）的最大功率和 700 牛·米的峰值扭矩。同时，其所搭载的自动闭缸可提高燃油经济性，驱动阿斯顿·马丁 DBX 的 0～100 公里/时加速时间仅需 4.5 秒，最高车速可达 291 公里/时。配备主动式中央分动箱与电控后限滑差速器的全时四驱系统与三腔室空气弹簧、自适应可调阻尼避震、48V 电控主动式防倾杆一起组成领先同级的底盘技术，可从容应对各种路况。

阿斯顿·马丁 DBX 外观

阿斯顿·马丁 DBX 内饰

玛莎拉蒂莱万特

玛莎拉蒂莱万特（Maserati Levante）是意大利玛莎拉蒂汽车公司设计和制造的前置四驱 SUV，2016 年开始生产，官方指导价为 96.18 万～ 122.98 万元人民币。

基本参数	
长度	5003 毫米
宽度	1968 毫米
高度	1679 毫米
轴距	3004 毫米
整备质量	2109 千克

外观内饰

玛莎拉蒂莱万特的外观没有 SUV 常见的硬朗，它的轮廓和线条更多地展现了意大利跑车特有的性感与优雅。虽然玛莎拉蒂莱万特的车长超过 5 米，车高接近 1.7 米，但视觉上并不臃肿，远远望去，甚至还有一种两厢轿跑车的感觉。之所以营造出这样的效果，一是因为玛莎拉蒂莱万特采用了溜背车身，运动感比传统 SUV 更强；二是其车身十分宽大，饱满的轮拱和车门使视觉重心下移。虽然保持了家族式设计风格，但玛莎拉蒂莱万特要比轿车玛莎拉蒂吉卜力和玛莎拉蒂总裁看起来凶悍得多。

相比于让人眼前一亮的外观，玛莎拉蒂莱万特的内饰惊喜感并不强，整体布局中规中矩，但是用料十分讲究，驾乘者手能触及的地方，都是触感细腻的真皮包裹。玛莎拉蒂莱万特的内饰拥有 23 种颜色搭配方案，可供用户随意选择。

性能特点

玛莎拉蒂莱万特搭载 3 升 V6 双涡轮增压汽油发动机、3.8 升 V8 双涡轮增压汽油发动机，以及 3 升 V6 涡轮增压柴油发动机。传动方面，搭载八速自动变速箱，并配备一套四驱系统。玛莎拉蒂莱万特汽油版各个车型的 0 ～ 100 公里 / 时加速时间在 3.9 ～ 6 秒，柴油版则为 6.9 秒。

玛莎拉蒂莱万特采用了前双叉臂后五连杆的独立悬架组合，此外，它还配备了空气悬架，共有 6 种车身高度，除常规的越野、普通、运动等五种模式外，它还拥有一个上下车自动调节悬架模式，停车时挂入 P 挡熄火，车身会自动下降，以方便驾乘者进出。

玛莎拉蒂莱万特外观

玛莎拉蒂莱万特内饰

路虎发现

路虎发现(Land Rover Discovery)是英国路虎汽车公司设计和制造的SUV,1989年开始生产,到2020年已经发展到第五代,官方指导价为66.98万~93.48万元人民币。

基本参数(第五代)	
长度	4970毫米
宽度	2000毫米
高度	1888毫米
轴距	2923毫米
整备质量	2193千克

外观内饰

路虎发现前四代车型定位为纯种越野车,因此整车采用了非承载式车身结构,并采用传统越野车的方块造型设计,硬朗的外观格外引人注目。不过,该车粗犷的外观以及落后的内饰以及驾乘的舒适度逐渐与这个时代格格不入。为此,对路虎发现进行了大刀阔斧的革新,结果却是毁誉参半。第五代的外观造型摒弃了过去过于方正的线条,采用了更多圆润、流畅的设计元素;内饰部分也吸取了第四代的教训,采用了更多的豪华材质和科技配置,在豪华感和科技感上都达到了历代车型的巅峰水平,与同品牌旗舰车型路虎揽胜相比也不落下风。可以认为,通过外观设计改善风阻、通过配置提升改善驾驶,这些都是路虎发现顺应时代的自我革新。第五代车身的尺寸及轴距均在第四代之上,车内乘坐空间得到了进一步地扩充。

性能特点

路虎发现第五代标配了一台3升V6涡轮增压汽油发动机,最大功率为250千瓦(340马力),峰值扭矩达450牛·米,与之搭配的传动装置依旧是八速自动变速箱。该车拥有较强的越野能力，配备了全地形驾驶进度控制系统，越野模式下，其最大接近角和离去角分别达到了34°和30°，涉水深度达到900毫米。为了提升驾驶乐趣，路虎发现第五代配备了车速感应式电子助力转向系统和诸多稳定控制系统，可以适应各种路况。

路虎发现第五代外观

路虎发现第五代内饰

路虎揽胜

路虎揽胜（Land Rover Range Rover）是英国路虎汽车公司设计和制造的前置四驱SUV，1970年开始生产，到2020年已经发展到第四代，官方指导价为122.5万～321.3万元人民币。

基本参数（第四代）	
长度	4999毫米
宽度	1984毫米
高度	1835毫米
轴距	2922毫米
整备质量	2160千克

外观内饰

路虎揽胜的前格栅、前保险杠、发动机舱盖、一体化排气管及异常醒目的LED灯组，展现出精妙、经典、更富有当代气息的设计风格。该车拥有三条经典车身线条，辨识度极高。略呈锥形的侧影轮廓具有标识性，雕塑感十足，线条更显利落，无缝衔接式侧挡风玻璃与黑色漆面的支柱，充分凸显出悬浮车顶设计的灵动与优雅，让整车看上去更精简。

内饰方面，路虎揽胜秉承精致内敛的风格，由真皮、实木和金属材质装饰的表面干净优雅，给人一种安详平静的感觉。中控台较宽，实体按键较少，大多数基本控制功能近在咫尺。而四温区独立空调、后排独立影音系统更是将后排豪华程度推向新的高峰。

性能特点

路虎揽胜有多种动力可选，汽油版包括2升L4发动机、3升V6发动机和5升V8发动机，柴油版包括3升V6发动机和4.4升V8发动机。各个车型的0～100公里/时加速时间在4.3～8秒范围内，最高车速在209～283公里/时。路虎揽胜的恒时四驱系统备有攀爬所必需的低速挡，还有专门用来安全下坡的陡坡缓降系统。两者的开关都设在中控台挡杆后方，操作非常简单。

路虎揽胜第四代外观

路虎揽胜第四代内饰

路虎卫士

路虎卫士（Land Rover Defender）是英国路虎汽车公司设计和制造的前置四驱SUV，老款车型在1983—2016年期间生产，新一代车型于2019年开始生产，官方指导价为77.8万～95.8万元人民币。

基本参数 (Defender 110)	
长度	5018 毫米
宽度	2008 毫米
高度	1967 毫米
轴距	3022 毫米
整备质量	2100 千克

外观内饰

路虎卫士是路虎在硬派SUV领域的代表车系，传承数十年的硬汉形象早已深入人心。可出于市场考虑，如今新一代路虎卫士几乎完全"改头换面"，转为使用路虎最新家族式设计方式，旨在以更时尚现代化的设计拓宽市场，颠覆以往的外观也令其收获了极高的关注度。该车的外观设计简约、精致，给人一种刚毅果敢的感觉，配合发动机舱盖复古黑色饰板、方格网散热出口、标志性阿尔卑斯山之光侧顶窗，以及3D内嵌式尾灯、外挂式全尺寸备胎等经典元素设计，辨识度极高。

性能特点

新一代路虎卫士与老款车型相比，做了不小的改进，除了颠覆传承数十年的造型风格之外，还在保有老款强悍越野能力之余具备了更好的公路性能及舒适性。转为承载式车身、配备5种驾驶模式及先进的INCONTROL OS 2.0车机系统等便是路虎卫士的改进之处。高性能车型采用英杰力 3 升 I6 涡轮增压发动机和 48V 轻度混合动力技术，以及八速自动变速箱，最大功率为 294 千瓦（400 马力），峰值扭矩为 550 牛·米，0～100 公里/时加速时间为 6.1 秒。

新一代路虎卫士外观

新一代路虎卫士内饰

吉普牧马人

吉普牧马人（Jeep Wrangler）是美国吉普汽车公司设计和制造的前置后驱 / 四驱 SUV，1986 年开始生产，到 2020 年已经发展到第四代，官方指导价为 42.99 万～ 55.99 万元人民币。

基本参数 (第四代四门版)	
长度	4790 毫米
宽度	1880 毫米
高度	1848 毫米
轴距	3010 毫米
整备质量	2049 千克

外观内饰

吉普牧马人的前身是威利吉普和吉普 CJ，它最初只是一款越野车，但是后来为了吸引更多客户，开始改进其在城市道路上行驶的舒适性和安全性。早期型号多是两门版，21 世纪初开发出四门版。该车拥有硬朗阳刚的车身轮廓，宽大的前后轮眉，车头七孔格栅，圆形前大灯。外置的发动机盖锁扣、外露的车门铰链以及外露的铆钉，这些设计在现今的汽车产品中都已很少见到，但也正是因为这些特征，使吉普牧马人才更加与众不同。吉普牧马人采用双顶组合的设计，即同时配置软、硬两种顶篷。

性能特点

吉普牧马人有多种动力配置可选，包括 2 升 I4 涡轮增压发动机、2.2 升 I4 涡轮增压发动机、3 升 V6 涡轮增压发动机、3.6 升 V6 发动机等。其中，2 升 I4 涡轮增压发动机的最大功率为 196 千瓦（266 马力），峰值扭矩为 400 牛·米。传动部分，匹配八速自动变速箱。

吉普牧马人的核心技术是 Rock-Trac 分时四驱系统。该系统的 NV241 分动箱扭矩容量达 7533 牛·米，低速齿轮比为 4∶1，即在低速模式下，扭力可以放大 4 倍。该系统拥有前、后机械式差速锁，在四驱模式下，分动箱将驱动力平均分配给前后轴，使四轮驱动力平衡，实现"中央差速器锁止"的功能。当车辆越野爬坡时，如果卡在某一坡度上有车轮无法着地时，Sway-Bar 前稳定杆电子分离系统，只需一个按键就可断开前稳定杆，从而使前轮以约 30% 的幅度下沉，使原本腾空的轮胎可以着地获得驱动力。

吉普牧马人第四代四门版外观

吉普牧马人第四代四门版内饰

吉普大切诺基

吉普大切诺基（Jeep Grand Cherokee）是美国吉普汽车公司设计和制造的前置后驱/四驱 SUV，1992 年开始生产，到 2020 年已经发展到第四代，官方指导价为 52.99 万～71.49 万元人民币。

基本参数（第四代 V8 4WD）	
长度	4821 毫米
宽度	1938 毫米
高度	1760 毫米
轴距	2915 毫米
整备质量	2388 千克

外观内饰

吉普大切诺基虽与切诺基取名相似，但实际上与切诺基车型相比，在装备、性能、档次等方面都有着天壤之别，其在外形尺寸和内部空间上都比切诺基大许多。吉普大切诺基车身造型趋向追求弧形曲线美，以适应城市交通和空气动力学要求；大倾角的前挡风玻璃，盾形前散热器格栅，宝石般的前大灯，与车身融为一体的雾灯，较好地融入了轿车设计要领，简洁、雄浑、尊贵。

吉普大切诺基作为吉普家族的顶级产品，其豪华程度完全可与高级轿车媲美，其装备处处体现出高科技内涵，进入车内，首先映入眼帘的是其典雅、质地细致的仪表板和中央控制台，其高光的木纹装饰，显示出高档的品位和尊贵的地位。

性能特点

吉普大切诺基搭载 4.7 升 V8 发动机，该发动机能够提供 175 千瓦（238 马力）的最大功率和 400 牛·米的峰值扭矩，加上多段式五速自动变速器的精巧配合，提供了强劲的起步力和敏捷的加速性及燃油经济性。根据有关测试显示，吉普大切诺基最高车速为 200 公里/时，转弯半径为 5.9 米，0～100 公里/时加速时间为 8.6 秒。

第 4 章 经典运动休旅车

　　吉普大切诺基装备有前座双安全气囊及侧部安全气囊,一次成型的整体式车身结构,四轮盘式防抱死刹车系统,高强度钢制成的侧防撞杆,可调式三点式安全带以及后门儿童安全保护锁等,可以最大限度地保护驾驶者和乘员的安全,同时还配备了安全钥匙防盗监视系统,以及先进的发动机锁死系统,当将钥匙从点火开关上拔开后,如果不用有效的钥匙,发动机将无法运转,能有效地防止汽车被盗。

吉普大切诺基第四代外观

吉普大切诺基第四代内饰

保时捷卡宴

保时捷卡宴(Porsche Cayenne)是德国保时捷汽车公司设计和制造的前置四驱 SUV,2002 年开始生产,到 2020 年已经发展到第三代,官方指导价为 91.3 万~190.8 万元人民币。

基本参数(第三代)	
长度	4855 毫米
宽度	1940 毫米
高度	1710 毫米
轴距	2895 毫米
整备质量	2085 千克

外观内饰

由于出自以生产跑车著称的保时捷汽车公司,保时捷卡宴虽然是 SUV,却也不可避免地带有许多跑车的特质。该车的外观时尚动感,整体线条较为完整、流畅且运动气息较浓。与上一代车型相比,保时捷卡宴第三代增添了很多新鲜元素,例如修改后的轮拱线条与更低垂的前保险杠结合,整体更为紧凑动感。前脸进气格栅样式翻新,为三横条幅式贯穿式设计。尾灯组采用全新造型,由一条 LED 灯带贯穿于整个车尾,排气布局为双边共两出样式。在尾门的设计上,保时捷卡宴增加了尾门的弧度,让它看起来更加轻巧。而在侧面线条上,则通过更加突出雕刻感的腰线强化了车辆的力量。

内饰方面,保时捷卡宴第三代采用全新的内饰设计。在仪表盘两侧各配有一块 7 英寸高清显示屏,中控台配备一块搭载新一代保时捷通信管理系统的 12.3 英寸全高清触控屏。此外,该车行李厢容量由此前的 670 升增加至 770 升。

性能特点

保时捷卡宴搭载 3 升 V6 双涡轮增压发动机,最大功率为 250 千瓦(340 马力),

峰值扭矩为 450 牛·米，0～100 公里/时加速时间为 6.2 秒（选配跑车计时套件可缩短至 5.9 秒），极速达 245 公里/时；保时捷卡宴 S 搭载 2.9 升 V6 双涡轮增压发动机，最大功率为 324 千瓦（440 马力），选配跑车计时套件后 0～100 公里/时加速时间为 4.9 秒，极速达 265 公里/时；顶级的保时捷卡宴 Turbo 则搭载 4 升双涡轮增压发动机，最大功率为 405 千瓦（550 马力），0～100 公里/时加速时间为 3.9 秒，选配跑车计时套件后极速达到 286 公里/时。各个车型均采用八速自动变速箱，并标配主动式四轮驱动系统。

保时捷卡宴第三代外观

保时捷卡宴第三代内饰

保时捷玛卡

保时捷玛卡（Porsche Macan）是德国保时捷汽车公司设计和制造的前置四驱SUV，2014年开始生产，官方指导价为54.5万～92.5万元人民币。

基本参数	
长度	4681毫米
宽度	1923毫米
高度	1624毫米
轴距	2807毫米
整备质量	1865千克

外观内饰

保时捷玛卡是保时捷的入门级SUV，定位低于保时捷卡宴，采用与奥迪Q5相同的MLB平台。保时捷玛卡在设计上更加趋向运动化的风格，其看上去像是一款跨界车。该车采用梯形前进气格栅，格栅两边还配有大尺寸进气口，让保时捷玛卡的前脸看起来非常霸气。反光镜与车门连接处采用了镂空式设计，视觉效果更加运动。

保时捷玛卡的内饰设计非常精致，具有明显的保时捷家族式风格，并融入了保时捷卡宴、保时捷帕拉梅拉两款车型内饰的部分元素。保时捷玛卡的中控台设计跟保时捷卡宴极为相似，竖式布置的空调出风口位于中央显示屏两侧，整个中控台给人厚实、大气的印象。此外，玛卡还采用了偏向运动的三辐式方向盘，而变速箱挡把两侧的按键功能也相当齐全。

性能特点

得益于与奥迪Q5同平台的优势，保时捷玛卡的动力系统同样从奥迪Q5移植而来，但调教有所提升。入门级车型搭载2升I4涡轮增压发动机，最大功率调高至185千瓦（252马力），峰值扭矩为370牛·米；动力更好的保时捷玛卡S则搭载最大功率为250千瓦(340马力)的3升V6双涡轮增压发动机,峰值扭矩为460牛·米。此外,一台由保时捷卡宴上的3.6升发动机经过二次开发而来的全新3.6升双涡轮增压发动机提供给顶级版的保时捷玛卡Turbo,这款发动机最大功率可达294千瓦(400马力),峰值扭矩为550牛·米。传动系统配备了七速手动变速箱和七速双离合变速箱。

保时捷玛卡外观

保时捷玛卡内饰

梅赛德斯—奔驰 GLC 级

梅赛德斯—奔驰 GLC 级（Mercedes-Benz GLC Class）是德国梅赛德斯—奔驰汽车公司设计和制造的前置后驱/四驱 SUV，2015 年开始生产，官方指导价为 39.48 万～58.78 万元人民币。

基本参数	
长度	4656 毫米
宽度	1890 毫米
高度	1638 毫米
轴距	2873 毫米
整备质量	1790 千克

外观内饰

梅赛德斯—奔驰 GLC 级采用了梅赛德斯—奔驰家族式前脸设计，前进气格栅采用双横条幅中网配合大尺寸 LOGO 造型，并配备有镀铬格栅边框，前灯组与格栅相连。此外，前保险杠造型设计极具力量感。而车尾部分，则采用横条幅尾灯造型，后保险杠采用镀铬处理，并配备有双边共两出排气。

梅赛德斯—奔驰 GLC 级的内饰设计延续了梅赛德斯—奔驰一贯出色的奢华质感。其立体曲线非常显著，看起来颇具雕塑气息，展现出相比 C 级更为舒展开阔的内饰氛围。阿尔蒂科皮饰仪表盘，颇具雍容质感。运动感十足的真皮三辐式方向盘，集多种功能与换挡方式于一体。舒展灵活的车内结构，带来宽阔的可用空间。后排腿部空间几乎足以同加长轿车相媲美，大面积的全景天窗则提供了无与伦比的空间感受。

性能特点

梅赛德斯—奔驰 GLC 级将 SUV 的力量与梅赛德斯—奔驰的优雅充分结合，有多种动力配置可选，汽油版包括 2 升 I4 涡轮增压发动机、3 升 V6 双涡轮增压发动机和 4 升 V8 双涡轮增压发动机，柴油版包括 2 升 I4 涡轮增压发动机和 2.2 升 I4 涡轮增压发动机。各个车型均配备九速自动变速箱，换挡操作快速、平顺，且有助于降低油耗。梅赛德斯—奔驰 GLC 级有较为丰富的舒适性和安全性配置，特别是个性化设置能最大限度地满足驾驶者的需求。

梅赛德斯 - 奔驰 GLC 级外观

梅赛德斯 - 奔驰 GLC 级内饰

梅赛德斯 - 奔驰 GLE 级

梅赛德斯—奔驰 GLE 级（Mercedes-Benz GLE Class）是德国梅赛德斯—奔驰汽车公司设计和制造的 SUV，1997 年开始生产，到 2020 年已经发展到第四代，官方指导价为 70.98 万～ 135.38 万元人民币。

基本参数（第四代）	
长度	4941 毫米
宽度	2018 毫米
高度	1782 毫米
轴距	2995 毫米
整备质量	2150 千克

外观内饰

梅赛德斯—奔驰 GLE 级采用梅赛德斯—奔驰最新的家族式前脸设计。进气格栅采用双横幅式搭配大尺寸 LOGO，前保险杠的设计也颇为时尚动感。此外，梅赛德斯—奔驰 GLE 级的尾部采用了双边双出的排气管设计，整体显得时尚大气又充满质感。内饰方面，梅赛德斯—奔驰 GLE 级延续了家族式设计风格，贯通式的中控台显得宽大厚实，深色配色加上金属、皮质的修饰，豪华感油然而生。该车配备梅赛德斯—奔驰经典的三辐式方向盘并采用真皮包裹，多功能键集成了车辆信息查询、多媒体系统、蓝牙电话等功能。

性能特点

梅赛德斯—奔驰 GLE 级汽油版有三种动力配置可选，GLE 350/4MATIC 搭载 2 升 I4 涡轮增压发动机，GLE 450 4MATIC 和 AMG GLE 53 4MATIC+ 搭载 3 升 I6 涡轮增压发动机，GLE 580 4MATIC、AMG GLE 63 4MATIC+ 和 AMG GLE 63 S 4MATIC+ 搭

载4升V8双涡轮增压发动机。根据发动机调校,各个版车型的0～100公里/时加速时间在3.8～7.6秒范围内,最高车速在228～280公里/时。此外,梅赛德斯—奔驰GLE级还有柴油版,包括2升I4涡轮增压发动机和2.9升I6涡轮增压发动机。梅赛德斯—奔驰GLE级各个车型的传动系统均匹配九速自动变速箱。

梅赛德斯-奔驰GLE级第四代外观

梅赛德斯-奔驰GLE级第四代内饰

梅赛德斯—奔驰 GLS 级

梅赛德斯—奔驰 GLS 级（Mercedes-Benz GLS Class）是德国梅赛德斯奔驰汽车公司设计和制造的前置四驱 SUV，2006 年开始生产，到 2020 年已经发展到第三代。官方指导价为 103.8 万～126.8 万元人民币。

基本参数（第三代）	
长度	5207 毫米
宽度	1956 毫米
高度	1850 毫米
轴距	3135 毫米
整备质量	2410 千克

外观内饰

梅赛德斯—奔驰 GLS 级延续梅赛德斯—奔驰固有的家族设计风格，发动机盖上隆起的线条，为车辆增添了肌肉感。大灯造型圆润，内部由两个双棱形灯组构成，并在上方配以柔顺的 LED 日间行车灯，即便在白天也有很高的辨识度。梅赛德斯—奔驰 GLS 级提供曜岩黑金属漆在内共 9 种车身颜色，同时在车顶行李架、车底护板、车侧饰条、行李厢门开关及侧裙板处，采用了大量镀铬元素。梅赛德斯—奔驰 GLS 级第三代采用年轻、运动感的三辐纳帕真皮方向盘代替了上一代的四辐式方向盘。虽然中控台实体按键区域与上一代相同，但材质和配色的改变提升了内饰质感。8 英寸悬浮式液晶屏的位置更高、更便于观看，与之搭配的是带触摸板的 COMANDNTG5 娱乐信息系统。该系统不仅操作便利、显示清晰，而且还具有导航、电话、视频、互联网等众多功能。

性能特点

梅赛德斯—奔驰 GLS 450 4MATIC 搭载 3 升 V6 双涡轮增压发动机，最大功率为 270 千瓦（367 马力），峰值扭矩为 500 牛·米，0～100 公里/时加速时间为 6.2

秒。梅赛德斯—奔驰 GLS 580 4MATIC、Maybach GLS 600 4MATIC 和 AMG GLS 63 4MATIC+ 均搭载 4 升 V8 双涡轮增压发动机,其中 AMG GLS 63 4MATIC+ 的最大功率为 450 千瓦(612 马力),峰值扭矩为 850 牛·米,0～100 公里/时加速时间为 4.2 秒。此外,柴油版本 GLS 350d 4MATIC 和 GLS 400d 4MATIC 均搭载 2.9 升 I6 双涡轮增压发动机,0～100 公里/时加速时间分别是 7 秒和 6.3 秒。GLS 级各个车型均配备九速自动变速箱,以及多路况适应系统、空气悬架和四驱系统。

梅赛德斯—奔驰 GLS 级第三代外观

梅赛德斯—奔驰 GLS 级第三代内饰

梅赛德斯 - 奔驰 G 级

梅赛德斯—奔驰 G 级（Mercedes-Benz G Class）是德国梅赛德斯—奔驰汽车公司设计和制造的前置四驱 SUV，1979 年开始生产，官方指导价为 162.9 万～189.9 万元人民币。

基本参数	
长度	4725 毫米
宽度	1931 毫米
高度	1969 毫米
轴距	2890 毫米
整备质量	2354 千克

外观内饰

梅赛德斯—奔驰 G 级整体造型简单经典，线条简洁有力，具有典型的越野车特色。平实的表面和简约的直线赋予了梅赛德斯—奔驰 G 级独特的风格，这是建筑设计包豪斯流派所倡导的"功能决定形式"的设计典范。正是实用性导向使梅赛德斯—奔驰 G 级的车身线条和比例展现出一种庄重。以平行线和不同角度为主要线条的前脸设计，结合发动机盖的弧线、保险杠的圆角设计、底部略微内扣的翼子板以及向上略微收窄的 A 柱等线条后，给人一种沉稳和自信的感觉。车侧设计更是以最清晰简洁的线条构成，门槛、车窗底部和车顶形成了三条平行线，腰线以下的车身为矩形结构。

与外形沿袭传统的风格不同，梅赛德斯—奔驰 G 级的内饰在兼顾实用性的同时，被更多地赋予了豪华与复古的韵味。标配的皮革搭配胡桃木木饰显现出梅赛德斯—奔驰一贯的豪华大气风范，诸如将 6 碟 DVD、导航和车载电话集成在一起的 COMAND APS 中央控制系统，以及倒车影像等功能，为驾驶者提供了充足的舒适便利性和人性化设计。

性能特点

梅赛德斯—奔驰 G 级堪称梅赛德斯—奔驰旗下最具个性化的车型，几乎完全承袭初代的车身外观，车系发表至今皆以小改款强化外观、内装、车架及动力部分等细节，车身架构及车架基础仍维持原架构，可算是梅赛德斯—奔驰旗下车系世代寿命最长的一款车型。该车搭载 5.5 升 V8 发动机，能够输出 281 千瓦（382 马力）的最大功率和 530 牛·米的峰值扭矩，从而为旅途提供了充足的动力储备。在面对越野路况时，梅赛德斯—奔驰 G 级配备的手动差速锁、带越野减速比的变速箱、空气减震器、4ETS 四轮驱动电子牵引系统使它拥有了无与伦比的通过性能。

梅赛德斯—奔驰 G 级外观

梅赛德斯—奔驰 G 级内饰

宝马 X4

基本参数（第二代）	
长度	4752 毫米
宽度	1918 毫米
高度	1621 毫米
轴距	2864 毫米
整备质量	1715 千克

宝马 X4（BMW X4）是德国宝马汽车公司设计和制造的前置四驱 SUV，2014 年开始生产，2018 年推出第二代车型，官方指导价为 45.59 万～58.59 万元人民币。

外观内饰

宝马 X4 的外观设计受到了宝马 X6 的影响，两者共享了相同的基础轮廓和比例，拥有一个竖直的车头、巨大的轮拱、高高的腰线、浅浅的座舱以及一个近乎垂直的尾部。宝马 X4 的双肾中网辨识度十足，采用银色的镀铬饰条进行装饰，增加了几分精致感。内饰方面，宝马 X4 保持了宝马家族式设计风格，豪华氛围浓郁，加上银色饰条装点，让内饰不会过于单调。中控台采用非对称式设计，进一步提升了感官体验。

宝马 X4 第二代外观

性能特点

宝马 X4 搭载 2 升 I4 涡轮增压发动机和 3 升 I6 涡轮增压发动机，两款发动机均有柴油版。其中，搭载 3 升 I6 涡轮增压发动机的 M Competition 车型只需 4 秒即可从静止加速至 100 公里/时，最大功率为 370 千瓦（503 马力），峰值扭矩为 600 牛·米。宝马 X4 各个车型均配备 ZF 八速双离合变速箱，以及独特的 xDrive 全轮驱动系统。

宝马 X4 第二代内饰

宝马 X5

宝马 X5（BMW X5）是德国宝马汽车公司设计和制造的前置后驱/四驱 SUV，1999 年开始生产，到 2020 年已经发展到第四代，官方指导价为 64.99～84.99 万元人民币。

基本参数（第四代）	
长度	4922 毫米
宽度	2004 毫米
高度	1745 毫米
轴距	2975 毫米
整备质量	2060 千克

外观内饰

宝马 X5 拥有超大尺寸的双肾式前格栅，不仅纵向尺寸有所拉升，也增加了几分棱角分明的感觉，视觉上十分贴合旗舰 SUV 的气质。车侧线条较为平直，车顶线条、腰线等都没有刻意追求俯冲感，符合大型 SUV 应有的风格，而上下双腰线的设计也让车辆从侧面看上去不会太过平淡。车尾设计追求简约，两侧扁平的多边形 LED 尾灯组与前大灯相互呼应，并由中央镀铬饰条相贯通，提升了美感。

内饰方面，略偏向主驾驶一侧的中控台体现了"以驾驶者为中心"的设计原则，全液晶仪表配合 12.3 英寸中控液晶屏，带来出色的交互体验。空调控制区所配备的独立显示器很有特色，玻璃材质的电子排挡杆也显著营造出豪华氛围。

性能特点

宝马 X5 入门车型搭载 3 升 I6 涡轮增压发动机，最大功率为 250 千瓦（340 马力），峰值扭矩达 450 牛·米，最大功率转速为每分钟 5500～6500 转，最高车速达到了

243公里/时，0～100公里/时加速时间仅需5.5秒。高性能车型搭载4.4升V8双涡轮增压发动机，视调校不同，各个车型的0～100公里/时加速时间在3.7~4.7秒。

宝马X5第四代外观

宝马X5第四代内饰

宝马 X6

宝马 X6（BMW X6）是德国宝马汽车公司设计和制造的前置四驱 SUV，2007 年开始生产，到 2020 年已经发展到第三代，官方指导价为 76.69 万～ 93.69 万元人民币。

基本参数（第三代）	
长度	4935 毫米
宽度	2004 毫米
高度	1696 毫米
轴距	2975 毫米
整备质量	2055 千克

外观内饰

宝马 X6 拥有标准化的 SUV 身材：高挑的车身、较大的离地间隙。其腰线以下部分与宝马 X5 有几分相似，而腰线以上部分则是一副轿跑车型应有的身材，有着漂亮的车顶曲线、低矮的车窗设计以及紧收的 C 柱。通过巧妙的组合，宝马成功地将 SUV 车型和轿跑车型的设计融合在一辆车上。被进一步加大的双肾形格栅、炫丽的天使眼大灯以及宝马推出的保险杠叠加，还有雾灯处的进气口，都为车头设计增色不少。

宝马 X6 的内饰设计也与宝马 X5 相似，在保留了宝马 X5 绝大多数设计元素外，还增加了一些配置，例如金属换挡拨片。方向盘的真皮覆盖件极为均匀，手感、质地都属上乘。此外，音响控制、巡航定速系统、电话系统都集成在方向盘上，使驾驶者可以方便地控制车辆。双筒型银饰仪表盘设计，动感十足，无论是造型还是颜色搭配都是宝马一贯的风格。

性能特点

与定位于侧重公路行驶性能的宝马 X5 相比，宝马 X6 在公路性能上进化得更为彻底，在外形设计和动力操控上将跑车的运动能力和 SUV 的多功能相融合。宝马

X6 xDrive40i 搭载 3 升 I6 涡轮增压发动机，最大功率为 250 千瓦（340 马力），峰值扭矩为 450 牛·米，0～100 公里/时加速时间为 5.5 秒。而 X6 M50i、X6 M 和 X6 M Competition 车型均搭载 4.4 升 V8 双涡轮增压发动机，视调校不同，0～100 公里/时加速时间在 3.7~4.3 秒。宝马 X6 配备了动态驱动力分配系统，以强化车辆在行车稳定性和操控精准性上的表现，同时配合 xDrive AWD 系统合理地分配前后车轴之间的驱动力。

宝马 X6 第三代外观

宝马 X6 第三代内饰

宝马 X7

宝马 X7（BMW X7）是德国宝马汽车公司设计和制造的前置四驱 SUV，2018 年开始生产，官方指导价为 100 万～162.8 万元人民币。

基本参数	
长度	5151 毫米
宽度	2000 毫米
高度	1805 毫米
轴距	3105 毫米
整备质量	2320 千克

外观内饰

宝马 X7 的外观依然采用宝马全新的家族化设计方式，双肾式前格栅尺寸比宝马其他车型更大，中央的连接处也更显紧密。同时，格栅两侧细长的大灯组内部采用了激光式大灯，以及比例更加扁平的家族式 LED 日行灯。在前保险杠部分，采用了巨大的贯穿式 U 形下部进气口。车身侧面的线条十分平直，符合大型 SUV 的气势，造型相对显得比较规整，上下双腰线增加了一定的设计感。车尾部分，两侧扁平的多边形 LED 尾灯组在比例上呼应了前灯组的设计。

内饰方面，宝马 X7 设计风格与宝马 X5 较为相似，双 12.3 英寸屏幕组合，搭配大量的皮质包覆和金属、木纹等装饰。宝马 X7 还配备了最新样式的电子挡把，iDrive 系统控制区也采用了新的设计技术。此外，还搭载了三段式天窗，其中第三排上方为独立式设计。

性能特点

宝马 X7 搭载 3 升 I6 涡轮增压发动机和 4.4 升 V8 双涡轮增压发动机，其中 3 升 I6 发动机的最大功率为 250 千瓦（340 马力），峰值扭矩为 447 牛·米；而 4.4 升

V8发动机的最大功率为340千瓦（462马力），峰值扭矩为649牛·米。两种发动机均匹配八速自动变速箱和xDrive四驱传动系统，0～100公里/时加速时间分别为5.8秒和5.2秒。

宝马X7外观

宝马X7内饰

奥迪 Q5

奥迪 Q5（Audi Q5）是德国奥迪汽车公司设计和制造的前置后驱/四驱 SUV，2008 年开始生产，2016 年推出第二代，官方指导价为 38.78 万～49.8 万元人民币。

基本参数（第二代）	
长度	4663 毫米
宽度	1893 毫米
高度	1659 毫米
轴距	2819 毫米
整备质量	1850 千克

外观内饰

奥迪 Q5 采用一体式六边形进气格栅，头灯采用奥迪家族最新的设计，拥有极高的辨识度。前保险杠富有立体感，下方进气格栅配以动感的横向饰条。作为 LED 照明技术的引领者，奥迪 Q5 还使用了最新一代 LED 日间行车灯。车尾设计保持了与车头一致的优雅、动感、时尚气质。LED 尾灯同样采用奥迪最新的 LED 照明技术，均匀的光带效果不仅极具科技感，其出色的可视性也为后车提供了清晰的警示，最大限度地确保了夜间行车安全。

内饰方面，奥迪 Q5 向更高级别的奥迪 A6L 和奥迪 A8L 看齐，品质感提升十分显著。奥迪 Q5 提供三幅真皮多功能运动方向盘，方向盘中央为圆形，表面的圆环镀铬装饰和辐条上的镀铬装饰提升了整车的品质感。

性能特点

奥迪 Q5 配备的 2 升 I4 涡轮增压燃油直喷发动机，从 2005 年到 2009 年连续 5 次获得"世界十佳发动机"殊荣。其最大功率为 155 千瓦（211 马力），在 1500～4200 转/分可持续输出 350 牛·米的峰值扭矩，0～100 公里/时加速时间仅需 8.6 秒。与发动机匹配的传动装置是八速自动变速箱。奥迪 Q5 还有混合动力版，能够实现 180 千瓦（245 马力）的总系统输出功率和 480 牛·米的峰值扭矩，0～100 公里/时加速时间为 7.1 秒，最高车速为 225 公里/时。

奥迪 Q5 第二代外观

奥迪 Q5 第二代内饰

奥迪 Q7

奥迪 Q7（Audi Q7）是德国奥迪汽车公司设计和制造的前置四驱 SUV，2005 年开始生产，2015 年推出第二代车型，官方指导价为 68.98 万～86.68 万元人民币。

基本参数（第二代）	
长度	5052 毫米
宽度	1968 毫米
高度	1741 毫米
轴距	2994 毫米
整备质量	1910 千克

外观内饰

奥迪 Q7 第二代基于 MLBEVO 平台打造，车身采用多项轻量化技术和铝合金材质，整体减重超过 300 千克，整车效能得到进一步提升。该车采用简单的线条勾勒出饱满、时尚的外观，给人一种厚重扎实的感觉。硕大的六边形镀铬格栅，具有很强的视觉冲击力。被 LED 勾勒出的日间行车灯是奥迪 Q7 外观最大的亮点。尾灯和转向灯同样采用了 LED 的线条造型。

奥迪 Q7 内饰材质高档、做工精细，真皮座椅和方向盘、深棕色木纹装饰的点缀都体现出了低调的豪华感。中控台的功能键排列有序，在排挡杆的周边，布置了 MMI 多媒体交互系统和一键式启动按钮，体现出奥迪崇尚科技的特征。后视镜调节旋钮和座椅调节按键采用了大量镀铬元素修饰，具有出众的手感且便于操作。虽然奥迪 Q7 第二代的整体尺寸相比第一代有所减小，但得益于内部空间的科学优化，乘坐空间并未缩水，行李厢容积和拓展能力也相当出色。

性能特点

奥迪 Q7 入门车型使用的 2 升 I4 涡轮增压发动机最大功率为 185 千瓦（252 马力），峰值扭矩达 370 牛·米，0～100 公里/时加速时间为 6.9 秒。中高配车型搭载 3 升 V6 涡轮增压发动机，最大功率为 250 千瓦（340 马力），峰值扭矩为 450 牛·米，0～100 公里/时加速时间为 6.1 秒。全系车型均配备八速自动变速箱，以及 Quattro 全时四驱系统。入门车型没有配备空气悬架，所以在乘坐舒适性方面不及中高配车型。

奥迪 Q7 第二代外观

奥迪 Q7 第二代内饰

奥迪 Q8

奥迪 Q8（Audi Q8）是德国奥迪汽车公司设计和制造的前置四驱 SUV，2018 年开始生产，官方指导价为 76.88 万～101.88 万元人民币。

基本参数	
长度	4986 毫米
宽度	1995 毫米
高度	1705 毫米
轴距	2995 毫米
整备质量	2145 千克

外观内饰

奥迪 Q8 顶棚的宽线条、与众不同的高车身平面以及扁平的风窗区域都显示出极具个性的奥迪特点。全尺寸八边形进气格栅与坚毅的矩阵式 LED 大灯组塑造出奥迪 Q8 不怒自威的气势。车身前部动感蜿蜒的曲线以及有力的尾部设计，外加急剧倾斜的 D 柱勾勒出一幅敞篷跑车的时尚侧面景象。车辆肩线和整体动态曲线也体现出典型的奥迪风格，两种对比鲜明的车身颜色创造了震撼的视觉冲击力。

内饰方面，奥迪 Q8 采用了新一代的家族化设计方式。T 字形的中控面板大面积由黑色钢琴面板覆盖，在视觉效果中营造了简约派的第一视觉。稍微倾斜于驾驶者的斜度设计与多种几何直线元素共同塑造了富有现代工业气息的中控面板。同时在材质的选择上，奥迪 Q8 拥有丰富的搭配组合。在中控面板的下方倾斜面板中，用户可以选择优雅端庄的实木面板，也可以选择充满工业气息的铝合金面板，甚至可以选择彰显运动气息的碳纤维材质。在车门与顶棚的设计中，拥有大量的阿尔坎塔拉材质，可以营造出优秀的手感与豪华气息。

性能特点

奥迪 Q8 将运动性、功能性、高科技和豪华品质巧妙地融为一体。其连续可变阻尼控制的四角形空气悬架系统，彻底解决了豪华汽车卓越操控特性与悬架舒适性之间一直存在的矛盾冲突。奥迪 Q8 根据不同的使用需求，提供了 3 升 V6 涡轮增压发动机与 4 升 V8 涡轮增压发动机两种型号的发动机，同时匹配的传动装置是八速手自一体变速箱。各个车型的 0～100 公里/时加速时间在 3.8～7.1 秒内，最高车速在 233~250 公里/时。

奥迪 Q8 外观

奥迪 Q8 内饰

大众途锐

大众途锐（Volkswagen Touareg）是德国大众汽车公司设计和制造的 SUV，2002 年开始生产，到 2020 年已经发展到第三代，官方指导价为 56.98 万～82.18 万元人民币。

基本参数 (第三代)	
长度	4878 毫米
宽度	1984 毫米
高度	1686 毫米
轴距	2899 毫米
整备质量	2170 千克

外观内饰

大众途锐的车头部分采用大众家族式设计，大量的银色镀铬装饰条突出了车头的辨识度，带转向辅助灯的 LED 前大灯如锐利眼眸，与镀铬装饰的宽大进气格栅相辅相成。车身侧面采用双腰线设计，一条从车头延伸到 C 柱，另一条从车门延伸到尾灯，巧妙地划分出层次感。车尾整体呈现出圆润的设计风格，没有多余的棱角，与车头形成一柔一刚的视觉差异。内饰方面，12 英寸可自定义式全液晶仪表、15 英寸彩色触摸屏搭载的信息娱乐系统以及抬头显示，构成未来感十足的数字化驾驶舱。15 英寸超大互动屏幕满足娱乐需求的同时更可实现手势触控、语音控制等多种交互操作。

性能特点

大众途锐的汽油版搭载 2 升 I4 涡轮增压发动机和 3 升 V6 涡轮增压发动机，柴油版搭载 3 升 V6 涡轮增压发动机和 4 升 V8 双涡轮增压发动机，此外还有搭载 3 升 V6 涡轮增压发动机和电动机的混动车型。与发动机匹配的传动装置是六速自动变速箱和八速自动变速箱。该车配备电子车身稳定系统、主动式胎压监测系统、疲劳警示系统等一系列驾驶辅助系统。此外，还有预碰撞安全系统，能够通过自动监测前方行人及障碍物，推算出发生碰撞的可能性，进而立即发出警报声，促使驾驶者采取制动措施。如果驾驶者未能及时反应，系统会自动触发低速紧急制动，在保护车内人员安全的同时还照顾到了行人的安全。

大众途锐第三代外观

大众途锐第三代内饰

捷豹 F-Pace

捷豹 F-Pace（Jaguar F-Pace）是英国捷豹汽车公司设计和制造的前置四驱 SUV，2016 年开始生产，官方指导价为 47.58 万～ 78.78 万元人民币。

基本参数	
长度	4731 毫米
宽度	1936 毫米
高度	1667 毫米
轴距	2874 毫米
整备质量	1775 千克

外观内饰

捷豹 F-Pace 的外观主要突出运动氛围，全黑网格状进气格栅视觉效果很棒，不仅浮雕式品牌 LOGO 很显档次，前包围的造型也十分夸张，两侧大尺寸进气口设计尽显车辆的运动氛围。侧面线条十分流畅，D 柱的倾角很大，车身姿态很动感，运动版采用了黑色轮圈。车尾造型饱满，明显的上窄下宽轮廓看起来非常敦实，尾灯造型是捷豹的标志性设计，双边共两出圆形排气十分精致，同时看起来也非常运动，外部配置还包括前 / 后驻车雷达、倒车影像以及电动后尾门。

捷豹 F-Pace 采用了捷豹家族化内饰设计，中控台的线条十分简约，并且采用大量皮革材质进行包覆，细节处还加入了缝线进行点缀，看起来很显档次，车辆提供了 12.3 英寸全液晶仪表盘和 10 英寸宽幅中控屏，带有 GPS 导航、手机映射、语音识别控制以及车联网功能。全系标配真皮座椅、真皮方向盘，车顶采用了阿尔坎塔拉材质包覆，并且标配可开启式全景天窗，车内的质感和通透性都很优秀。

性能特点

捷豹 F-Pace 入门车型搭载低功率 2 升 I4 涡轮增压发动机，最大功率为 184 千瓦（250 马力），峰值扭矩为 365 牛·米，而 300-Sport 运动版车型则使用了高功率

2升I4涡轮增压发动机，最大功率达到221千瓦（300马力），峰值扭矩为400牛·米，0～100公里/时加速时间为6.1秒。顶配车型则使用了3升V6机械增压发动机，最大功率为279千瓦（380马力），峰值扭矩为450牛·米。传动系统方面，全系车型均搭载八速自动变速箱，并且提供了换挡拨片。捷豹F-Pace全系车型均采用了全时四轮驱动，前双叉臂式独立悬架、后多连杆式独立悬架也能在极限驾驶时保持足够的稳定性。

捷豹F-Pace外观

捷豹F-Pace内饰

捷豹 I-Pace

捷豹 I-Pace（Jaguar I-Pace）是英国捷豹汽车公司设计和制造的纯电动四驱 SUV，2018 年开始生产，官方指导价为 68.8 万～78.8 万元人民币。

基本参数	
长度	4682 毫米
宽度	1895 毫米
高度	1565 毫米
轴距	2990 毫米
整备质量	2133 千克

外观内饰

作为捷豹家族中的新成员，捷豹 I-Pace 在外观上继承了捷豹独特的设计风格。与捷豹 F-Pace 相比，捷豹 I-Pace 在外观上更加前卫。低趴且宽大的车头搭配两旁凶狠的 LED 大灯，给人不怒自威的感觉。中网采用向内弯曲的前格栅，更容易引导气流穿过发动机舱盖上醒目的 U 形通风口，在引流的同时也为捷豹 I-Pace 增添了不少未来感。车身线条流畅，在保持溜背的同时，车辆尾部又形成一个直角转弯，看上去非常特别，而选用 22 英寸的花瓣形轮毂，则让整个侧面充满力量感。另外，侧裙采用红黑双拼的布局，为整个侧面增添了一个亮点。

内饰方面，捷豹 I-Pace 具备很高的质感。车辆内部可以碰到的地方几乎都采用软质材料覆盖，营造出豪华氛围。该车采用悬浮式中控台，使整个内饰充满未来感的同时又增大了车内的储物空间。中控台上方采用 10 英寸显示屏，用来显示和调控多媒体系统、行车系统等，而下方的 5 英寸显示屏则可用来调节空调系统。

性能特点

捷豹I-Pace搭载两台由捷豹自主研发的永磁式电动机,这种电动机具备重量轻、体积小的机械特性。电动机总功率为294千瓦(400马力),综合扭矩为696牛·米,0~100公里/时加速时间仅需4.8秒。捷豹I-Pace全系车型标配全时四轮传动系统,搭载90千瓦时锂电池模块,续航里程达到456公里。

捷豹I-Pace外观

捷豹I-Pace内饰

沃尔沃 XC60

沃尔沃 XC60（Volvo XC60）是瑞典沃尔沃汽车公司设计和制造的前置前驱/四驱 SUV，2008 年开始生产，2017 年推出第二代车型，官方指导价为 35.89 万～51.99 万元人民币。

基本参数（第二代）	
长度	4688 毫米
宽度	1902 毫米
高度	1658 毫米
轴距	2865 毫米
整备质量	2081 千克

外观内饰

沃尔沃 XC60 是沃尔沃车型中外观比较张扬的一款，前端梯形格栅上加大的品牌 LOGO 能够迅速充满前车的后视镜。从车身侧面看，沃尔沃 XC60 雕塑般的魅力线条尤其明显。车辆肩部异常宽大。大车轮、张扬的轮拱和车身下部的深色饰件进一步凸显了沃尔沃 XC60 的强悍风格，而车身上部流畅的动感线条与车顶大胆的轮廓线相结合，使上部车身尽显动感跑车的魅力。尾门上的"Volvo"字标采用了间距更大的加重字体，配合前端的铁标，提升了视觉冲击力。LED 尾灯进一步突出了后端强有力的肩线。后示廓灯兼做刹车灯在沃尔沃还是第一次，这意味着刹车时整个肩部都会亮起。

沃尔沃 XC60 采用比较成熟的沃尔沃 S80 的中控设计方式，方向盘和仪表盘全部原样照搬沃尔沃 S80 的设计，T 形控制区域上面的功能键盘的分布、悬浮式中控台以及挡位的布置也和沃尔沃 S80 如出一辙，只有中央空调上面的多媒体显示器和桃木中控装饰成为沃尔沃 XC60 的独特标志。

性能特点

沃尔沃 XC60 有三种动力总成，分为搭载了低功率/高功率的涡轮增压发动机的 T4/T5 车型，以及油电混合动力车型 T8。作为该车系的旗舰，沃尔沃 XC60 T8 搭载了最大功率为 235 千瓦（320 马力）、峰值扭矩达 400 牛·米的双涡轮增压发动机，以及最大功率为 64 千瓦（87 马力）、峰值扭矩达 240 牛·米的电动机，综合最大功率为 299 千瓦（407 马力），峰值扭矩达 640 牛·米。

沃尔沃 XC60 第二代外观

沃尔沃 XC60 第二代内饰

沃尔沃 XC90

沃尔沃 XC90（Volvo XC90）是瑞典沃尔沃汽车公司设计和制造的 SUV，2002 年开始生产，2015 年推出第二代车型，官方指导价为 63.39 万～83.39 万元人民币。

基本参数（第二代）	
长度	4950 毫米
宽度	1923 毫米
高度	1776 毫米
轴距	2984 毫米
整备质量	2078 千克

外观内饰

沃尔沃 XC90 的外观大气时尚，全新设计的豪华风格、内凹式镀铬前格栅，搭配较低的前保险杠，使沃尔沃 XC90 前脸更具张力。家族式"雷神之锤"LED 大灯，充满个性印记。大尺寸的合金轮毂，采用钻石切割工艺打造而成。

沃尔沃 XC90 采用黑桦木内饰条，保留原木质感。在内部空间上，由于驾驶舱前移，使其内部空间异常宽敞。其座椅布置和设计完全体现出驾驶性和实用性理念。纳帕真皮打孔面料座椅，符合人体工学设计。前排座椅采用包裹式设计，所有座椅表面均添加有柔软的覆盖层。

性能特点

T5 版搭载 2 升 Drive-E T5 涡轮增压发动机，最大功率为 183 千瓦（245 马力），匹配八速手自一体变速箱，0～100 公里 / 时加速时间为 8.2 秒，百公里综合工况油耗 7.7 升；T6 版搭载的 2 升 Drive-E T6 双涡轮增压发动机，最大功率为 239 千瓦

（320马力），匹配八速手自一体变速箱，0～100公里/时加速时间为6.5秒，百公里综合工况油耗8.1升；T8混动版搭载由2升Drive-E双涡轮增压发动机和电动机组成的动力系统，0～100公里/时加速时间为5.6秒，百公里综合工况油耗2.1升。

沃尔沃XC90第二代外观

沃尔沃XC90第二代内饰

凯迪拉克凯雷德

凯迪拉克凯雷德（Cadillac Escalade）是美国凯迪拉克汽车公司设计和制造的前置后驱/四驱SUV，1998年开始生产，到2020年已经发展到第四代，官方指导价为148.8万元人民币。

基本参数（第四代）	
长度	5144毫米
宽度	2045毫米
高度	1890毫米
轴距	2946毫米
整备质量	2670千克

外观内饰

凯迪拉克凯雷德的外形非常庞大，看上去有一种压倒一切的气势。在外观设计上，凯迪拉克凯雷德将凯迪拉克"艺术与科学"的理念诠释得十分完美。抢眼的镀铬进气格栅秉承了凯迪拉克前卫概念车Sixteen的设计风格，车身侧面七处镀铬件使整车光芒四射。细长的前大灯组采用了远近光一体式设计，LED日间行车灯带也被分为上下两部分，发光时具有很高的辨识度。虽然凯迪拉克凯雷德拥有非常雄伟的身姿，但是风阻系数较低。

凯迪拉克凯雷德内饰的豪华程度可以与豪华轿车相媲美，精良的材质营造出细腻的触觉和精致的观感。真皮桃木多功能方向盘可电加热，三区域独立可调节空调可由三排乘客分别控制温度。音响系统为博士5.1声道，配备10个扬声器。长达2946毫米的轴距带来空间奢侈的三排七人宽敞座椅，其中前排为14向全电动制冷加热双温控座椅。第二排座椅也可加热，为车内的每一位乘客带来了舒适的乘坐感受。凯迪拉克凯雷德为第二排乘客配备了CD/DVD/MP3娱乐系统，并配有遥控器。车顶隐藏了下翻式8英寸液晶显示器。

性能特点

凯迪拉克凯雷德搭载一台 6.2 升 V8 发动机,最大输出功率为 317 千瓦(425 马力),峰值扭矩达 623 牛·米。最初配备六速自动变速箱(2015 年),之后相继换装八速自动变速箱(2015—2017 年)、十速自动变速箱(2018—2020 年)。凯迪拉克凯雷德依旧保留了怀挡的操作方式,并保留了手动控制升降挡的功能。除了四驱车型外,凯迪拉克凯雷德还提供后驱车型供用户选择。

凯迪拉克凯雷德第四代外观

凯迪拉克凯雷德第四代内饰

凯迪拉克 XT6

凯迪拉克 XT6（Cadillac XT6）是美国凯迪拉克汽车公司设计和制造的前置前驱/四驱 SUV，2019 年开始生产，官方指导价为 38.97 万～54.97 万元人民币。

基本参数	
长度	5050 毫米
宽度	1964 毫米
高度	1750 毫米
轴距	2863 毫米
整备质量	2014 千克

外观内饰

凯迪拉克 XT6 延续了凯迪拉克"钻石切割"的家族设计理念，采用了凯迪拉克 Escala 概念车的设计元素，引入了时尚版和运动版两种造型风格。在这些元素中，时尚版采用点阵进气口格栅和大量镀铬装饰，而运动版则采用了黑色网眼格栅、高亮黑色装饰。大灯组造型纤细，LED 日间行车灯采用垂直风格。凯迪拉克 XT6 采用了具有一定辨识度的 T 形尾灯组设计，点亮后具有良好的层次感。而在尾部下方，双边共两出的排气装饰，增强了整车的运动感。

内饰方面，凯迪拉克 XT6 配有三辐式多功能方向盘，配合大尺寸中控液晶屏，让其整体看上去十分年轻。同时，中控屏下方配有一块空调系统显示面板，在一定程度上提升了车内的科技感及品质感。

性能特点

凯迪拉克 XT6 搭载一台可实现闭缸技术的 2 升涡轮增压发动机，最大功率为 175 千瓦（234 马力），峰值扭矩达 350 牛·米。该发动机运用可变气门管理技术，可以实时监测不同的动力需求,智能自动调节发动机进气门开闭程度,带来"四缸高性能模式""四缸经济模式""两缸超经济模式"三种工况。与发动机匹配的传动装置是九速自动变速箱,细密的挡位设置,搭配智能换挡系统,换挡平顺自如。

凯迪拉克 XT6 外观

凯迪拉克 XT6 内饰

福特探险者

福特探险者（Ford Explorer）是美国福特汽车公司设计和制造的前置前驱（第五代）/后驱（除第五代外）/四驱（历代可选）SUV，1990年开始生产，到2020年已经发展到第六代，官方指导价为41.28～51.98万元人民币。

基本参数（第六代）	
长度	5050 毫米
宽度	2004 毫米
高度	1775 毫米
轴距	3025 毫米
整备质量	1971 千克

外观内饰

福特探险者的外观沉稳大气，彰显美系肌肉车的风格。车头部分采用了最新的家族设计方式，宽大的六边形进气格栅内部为高亮哑光蜂窝网状结构，具有强烈的视觉冲击力。发动机盖上的线条高高拱起，凸显出一种力量感。两侧大灯组的造型十分大气，内部标配了全LED光源，并且具有自动头灯，自适应远近光和大灯高度可调等功能。这些功能不仅为整个前脸增添了一定的时尚感，而且照明效果也不错。两个硕大的尾灯内部同样采用了LED光源设计，鲜红色的光带清晰可见，点亮后有着非常高的辨识度。底部的后包围相当宽阔，左右分布两个镀铬排气桶，进一步提升了整车的运动感。

内饰方面，福特探险者的中控台布局十分简约，使用了大量软性材质覆盖，再加上适量的木纹材质饰板以及银色镀铬作为点缀，深色基调的内饰氛围透露出了一丝青春活跃的气息。该车全系搭载了纵向放置的12.8英寸中控屏幕，配合12.3英寸的全液晶仪表，使车内的科技感和豪华感都得以提升。

性能特点

福特探险者的车身使用了大量高抗压材质打造,车身框架极为牢固,在安全方面无可挑剔。该车搭载 2.3 升涡轮增压发动机,采用十速手自一体变速箱。该发动机的动力非常强悍,入门车型就可以爆发出高达 207 千瓦(276 马力)的最大功率,峰值扭矩为 425 牛·米。底盘方面,福特探险者采用了前双球节弹簧减振支柱悬架和后多连杆式独立悬架,部分车型还配有四驱驱动系统。

福特探险者第六代外观

福特探险者第六代内饰

林肯飞行家

林肯飞行家（Lincoln Aviator）是美国林肯汽车公司设计和制造的前置后驱/四驱 SUV，2002—2005 年期间生产出第一代车型，2019 年推出第二代车型，官方指导价为 62.88 万～68.88 万元人民币。

基本参数（第二代）	
长度	5062 毫米
宽度	2022 毫米
高度	1768 毫米
轴距	3025 毫米
整备质量	2053 千克

外观内饰

林肯飞行家第一代更像林肯领航员的运动版，无论是从其运动的姿态还是本身的性能来讲。该车拥有标志性的铬合金前格栅包围以及卤素头灯，圆形的雾灯集成于前保险杠内，而前保险杠的设计也结合了轿车的架构以增强抗击性。内饰的设计几乎直接从林肯领航员移植而来，包含了林肯特有的设计风格，如精选的胡桃木、光滑的镍金属、特级皮革及白色的 LED 照明。

林肯飞行家第二代采用了林肯家族化设计方式，具有典型美式豪华风格的大面积进气格栅和星辉 LOGO。新车还采用了分体式大灯组，转向灯独立于灯组之下。顶配车型的全驱高性能插电混动版搭配了专属的格栅设计，车标 LOGO 以蓝色点缀，以凸显其新能源身份。内饰方面，大量采用了平直线条设计以拉伸视觉长度，T 形中控台、悬浮式中控屏、12.3 英寸全数字仪表盘、多媒体控制按键相互配合，提升了整车内饰的豪华感。座椅方面，提供 6 座或者 7 座版两种选择方案，其中 7 座版车型采用 2+2+3 的布局方式。

性能特点

林肯飞行家第一代搭载一台全铝的 4.6 升 V8 发动机,双顶置凸轮,每缸 4 气门及可变长度进气门,最大功率为 275 千瓦(302 马力),峰值扭矩达 407 牛·米。与发动机匹配的是五速自动变速箱。林肯飞行家第二代燃油版搭载一台 3 升 V6 双涡轮增压发动机,最大功率为 265 千瓦(355 马力)、峰值扭矩达 553 牛·米;混动版则搭载 3 升 V6 双涡轮增压发动机和一台电动机,综合最大功率达到 356 千瓦(447 马力)、峰值扭矩达到 813 牛·米,100 公里混动油耗为 2.8 升。

林肯飞行家第二代外观

林肯飞行家第二代内饰

林肯领航员

林肯领航员(Lincoln Navigator)是美国林肯汽车公司设计和制造的前置后驱/四驱SUV,1997年开始生产,到2020年已经发展到第四代,官方指导价为109.8万~129.8万元人民币。

基本参数(第四代)	
长度	5334 毫米
宽度	2029 毫米
高度	1989 毫米
轴距	3112 毫米
整备质量	2579 千克

外观内饰

林肯领航员的车身尺寸很大,显得威猛而尊贵。车头是林肯领航员最具特色的地方,充分继承了林肯车血统,体现了美国车大气沉稳的特色。十字盾形车标,镶嵌在车头的正中位置,非常醒目,与大型的散热格栅融为一体。18英寸的合金轮毂以及255毫米的宽轮胎,在林肯领航员庞大的身躯下并不显得笨重。周身浅颜色的下包围裙边衬托出整车的沉稳气势。车尾方方正正,棱角分明。

因为车身尺寸宽大,林肯领航员的车内设计拥有更多的优势,也意味着有更多的空间用来挥霍。内饰方面,最引人注目的地方是金属质地的中控台,中控台造型与宽大的车身相互呼应,特殊金属材料所特有的质感和视觉感与直线条的完美组合,营造出驾驶舱内舒适、惬意而大气的氛围。虽然方向盘不能前后伸缩调节,但是脚踏板可以上下调整位置。方向盘上的各种控制键,除了常规的电话、音响,还能调整空调的风量大小。

性能特点

林肯领航员第一代、第二代和第三代早期车型均搭载 5.4 升 V8 发动机,最大输出功率可达 227 千瓦(305 马力),峰值扭矩为 490 牛·米。与发动机匹配的传动装置是四速或六速自动变速箱,提供两轮或四轮驱动。林肯领航员的悬架系统采用四轮独立空气悬架,在坑凹的路面可以通过旋钮调整到四驱模式,此时底盘会升高 10 厘米。从第三代后期车型开始,换装 3.5 升 V6 发动机,采用十速自动变速箱。

林肯领航员第四代外观

林肯领航员第四代内饰

GMC 育空

GMC 育空（GMC YUKON）是美国通用汽车公司设计和制造的前置后驱 / 四驱 SUV，1991 年开始生产，到 2020 年已经发展到第四代，官方指导价为 155 万～ 238 万元人民币。

基本参数（第四代）	
长度	5179 毫米
宽度	2045 毫米
高度	1890 毫米
轴距	2946 毫米
整备质量	2605 千克

外观内饰

GMC 育空具有充满力量感与科技感的美式肌肉线条，车身侧面镀铬件格外引人注目，标配 HID 大灯搭配全 LED 转向灯，类似钻石般耀眼，矩形镀铬进气格栅上醒目的红色 GMC 标志是整个前脸的点睛之笔。22 英寸合金铝质轮毂秉承了独特的美式设计理念，同时彰显了 GMC 对细节的严格。GMC 育空的车舱内配有高端豪华的设备，例如触感柔软的仪表板、控制台、门板材料和博士音响系统。前排座椅具有腰部支撑和电加热功能。

性能特点

在动力性能方面，GMC 育空与传统的美系越野车既有着不谋而合之处，也有所升级改造。GMC 育空搭载 6.2 升 V8 智能变缸发动机、主动燃油管理系统，最大功率为 313 千瓦（420 马力），峰值扭矩为 623 牛·米。该车配备了主动电磁感应悬挂、前进碰撞警报、倒车影像辅助系统、自适应巡航控制系统、车道变更警示、侧盲区接近预警系统、车辆后方穿越警报系统、车道偏离警报系统、防止侧倾翻滚系统、脉冲式安全警报座椅系统、前排自动乘客传感系统等一系列科技安全装置，可以最大限度保障行车安全。

GMC育空第四代外观

GMC育空第四代内饰

阿尔法·罗密欧斯泰尔维奥

阿尔法·罗密欧斯泰尔维奥（Alfa Romeo Stelvio）是意大利阿尔法·罗密欧汽车公司设计和制造的前置后驱/四驱 SUV，2016 年开始生产，官方指导价为 45.68 万～127.98 万元人民币。

基本参数	
长度	4687 毫米
宽度	1903 毫米
高度	1648 毫米
轴距	2818 毫米
整备质量	1660 千克

外观内饰

阿尔法·罗密欧斯泰尔维奥具有典型的阿尔法·罗密欧特征，最引人注目的就是经典且妩媚的倒三角进气格栅，辨识度非常高。车身侧面造型则是典型的运动型 SUV，从 B 柱开始线条逐渐收紧，并且前后翼子板带有类似肌肉的线条。车尾很饱满，LED 尾灯上方的线条呈现出动感和硬朗的一面。两个带有装饰作用的排气管，颇具视觉冲击力。

阿尔法·罗密欧斯泰尔维奥的内饰没有复杂的多余线条，简单的操作面板带来了非常方便的功能操作。作为一个传统跑车制造商，阿尔法·罗密欧知道方向盘对于操控的重要性。斯泰尔维奥集成在方向盘上的启动按钮，以及背面超大尺寸的金属换挡拨片，都是其运动特性的象征。该车采用 7 英寸 TFT 组合仪表板设计，中央彩色显示屏可动态显示丰富的车辆信息。嵌入式的 8.8 英寸中控台显示屏与周围环境融为一体，展示效果细腻，设计感强。

性能特点

阿尔法·罗密欧斯泰尔维奥搭载 2 升 I4 涡轮增压发动机，具有 149 千瓦（200

马力）和 209 千瓦（280 马力）两种不同功率，并以相应的车型命名标注，两款车型所对应的峰值扭矩分别为 330 牛·米和 400 牛·米。与动力系统匹配的传动装置是 ZF 八速自动变速箱。该车全系标配了运用于赛车的碳纤维传动轴，进一步助力整车轻量化，并有效提升加速度。此外，全铝悬架系统可确保良好的驾驶体验和优异的操控性。前悬架包括双叉臂悬挂和半虚拟转向轴，即使在最急剧的弯道上，也能使车轮与路面保持垂直。后悬挂及其多连杆系统可以确保在崎岖路面上横向抓地力和舒适性都可达到最佳状态。

阿尔法·罗密欧斯泰尔维奥外观

阿尔法·罗密欧斯泰尔维奥内饰

丰田兰德酷路泽

丰田兰德酷路泽（Toyota Land Cruiser）是日本丰田汽车公司设计和制造的前置四驱SUV，1951年开始生产，官方指导价为64.5万～119.4万元人民币。

基本参数 (J200)	
长度	4990 毫米
宽度	1980 毫米
高度	1945 毫米
轴距	2850 毫米
整备质量	2405 千克

外观内饰

丰田兰德酷路泽的外观粗犷有力，采用横向全镀铬格栅，前脸的造型显得硬朗、利落。富有艺术美感的前组合大灯，令视野延伸到无限的远方。尾部棱角分明，配有尾翼装饰，让本身粗犷的车身有了几分妩媚之感。丰田兰德酷路泽的内饰没有过多的棱角，被顶级透气材质包覆的座椅配合银色条装饰，颇有温馨感。仪表盘、方向盘和排挡等位置均配以桃木装点，而中控台则采用具有磨砂手感的金属板件装饰，尽显豪华质感。设计相对简约的功能按键，也令操作更加简便。

性能特点

丰田兰德酷路泽有多种动力配置可选，汽油版有4升V6发动机、4.6升V8发动机、4.7升V8发动机和5.7升V8发动机，柴油版有4.5升V8发动机。传动系统有五速自动变速箱、六速自动变速箱、八速自动变速箱和五速手动变速箱等多种方案。该车配备了全时四驱系统、综合感应防抱死系统、动力调节悬挂系统、低速巡航驾驶辅助系统和上坡辅助控制系统等。其中，动力调节悬挂系统的主要功能有两个：在公路行驶转弯时，起到传统的前后稳定杆作用，能够有效抑制车身侧倾；在越野时，不再发挥稳定杆作用，而是具有车轮铰链接合的功能，可以大幅提高车轮的行程，减少车轮悬空打滑现象，提升在复杂路面的通过性。

丰田兰德酷路泽J200外观

丰田兰德酷路泽J200内饰

丰田普拉多

丰田普拉多（Toyota Prado）是日本丰田汽车公司设计和制造的前置四驱 SUV，1990 年开始生产，到 2020 年已经发展到第四代，官方指导价为 43.58 万～60.48 万元人民币。

基本参数（第四代）	
长度	4485 毫米
宽度	1885 毫米
高度	1845 毫米
轴距	2790 毫米
整备质量	2230 千克

外观内饰

丰田普拉多车头的设计彰显了品牌特质，垂直分布的前格栅、上扬的车灯线条以及宽大的前保险杠，极具力量感。与硬朗的车头风格不同的是，丰田普拉多的发动机盖显得较为平庸，既没有明显的隆起，也没有装饰性的切线设计。车身侧面汲取了来自雷克萨斯的设计灵感，斧刻般的腰线从车头向车身后部延伸。后部车门采用侧向开门的方式。

丰田普拉多的内饰设计充满活力，富有科技感。方向盘采用四幅式设计，除了使用皮革包裹之外，还提供了多媒体控制功能，以及蓝牙接听语音等功能。后方的仪表采用了双炮筒的设计，尽管没有镀铬件作为装饰，但整体效果仍然富有力量感。中部的多功能显示屏使用普通液晶材质，而非 TFT，因此显示内容有限。背光使用了白色反透式设计，夜间效果较为明显。中控上方宽大的空调出风口，能够为后排送风，再加上后排另外拥有的 4 个出风口，组成了一个完整的车内风道。

性能特点

丰田普拉多有多种型号发动机配置可选,汽油版有 2.7 升 I4 自然吸气发动机、3.5 升 V6 自然吸气发动机和 4 升 V6 自然吸气发动机,柴油版有 2.8 升 I4 涡轮增压发动机、3 升 I4 自然吸气发动机和 3 升 I4 涡轮增压发动机。传动系统有四速自动变速箱、五速自动变速箱、六速自动变速箱、五速手动变速箱和六速手动变速箱等多种方案。

丰田普拉多第四代外观

丰田普拉多第四代内饰

雷克萨斯 RX

雷克萨斯 RX（Lexus RX）是日本雷克萨斯汽车公司设计和制造的前置前驱/四驱 SUV，1998 年开始生产，到 2020 年已经发展到第四代，官方指导价为 39.8 万～80.1 万元人民币。

基本参数（第四代）	
长度	4890 毫米
宽度	1895 毫米
高度	1720 毫米
轴距	2790 毫米
整备质量	1890 千克

外观内饰

雷克萨斯 RX 在沿用其家族原有轮廓的基础上，风格更加年轻运动化。锐利上扬的前大灯、饱满而富有立体感的前保险杠，前翼子板侧面线条向后延展，滑过两侧车门，并延伸至车尾与后大灯相衔接，加之侧面车窗充满流线感的设计，这些元素都完美地勾勒出动感俊朗的流畅线条。雷克萨斯 RX 的内饰设计呈现出颇具未来感的前卫风格：深邃的光电子仪表盘上，莹白色的发光指针配合幽蓝色的背光更加清晰易读。创新的非对称中控台设计摒弃了传统的对称式盾形设计，显得更加精致和灵动。中控台众多的功能控制按钮被一个 Remote Touch 信息操作系统所取代，带来前所未有的时尚科技感。后排座椅可通过拉杆轻松放倒，创造出多样化的置物空间。

性能特点

雷克萨斯 RX 搭载了排量 2.7～3.5 升的直列四缸顶置双凸轮轴发动机，由于运用了双智能正时可变气门控制系统，使其燃油性更高而排放量更低。该车应用了最新一代六速手自一体电子控制自动变速箱,当快速踩下油门踏板时,直接降挡控制将允许变速器进行越级降挡,以实现更快的响应。最新应用的人工智能换挡技术则能根据路况和驾驶者意图选择最佳挡位。

雷克萨斯RX第四代外观

雷克萨斯RX第四代内饰

雷克萨斯 LX

雷克萨斯 LX（Lexus LX）是日本雷克萨斯汽车公司设计和制造的前置四驱 SUV，1995 年开始生产，到 2020 年已经发展到第三代，官方指导价为 129.1 万～141.7 万元人民币。

基本参数 (第三代)	
长度	5005 毫米
宽度	1970 毫米
高度	1865 毫米
轴距	2850 毫米
整备质量	2685 千克

外观内饰

雷克萨斯 LX 的外观延续了雷克萨斯家族风格，硬朗周正的车身线条塑造出毫不妥协的硬汉形象，无论是发动机盖，还是外凸式的前大灯，都是硬朗风格的最好体现。由发动机盖开始延伸的折线，塑造出车头的立体感，头灯组近光灯上缘的切线设计，让整辆车看起来更有气势。搭配精致而大胆的水箱护罩、前方进气坝设计，视觉冲击力极强。

雷克萨斯 LX 内饰的层次感非常强，中控区域的设计也很连贯，大量实木饰板和钢琴烤漆面板的使用，再加上中央的石英表，提升了整个内饰的豪华感。中控台上的各类按钮旋钮都有恰到好处的反馈阻尼。三辐式方向盘设计较为简洁，实木和真皮的搭配也更显档次感。音响和空调的操作面板位于屏幕下方，整块钢琴烤漆面板将两个系统集中在一起，搭配金属质感的按键旋钮，看起来很有豪华感，而且这些按键的标识都采用灯光显示，车辆关闭时标识也会随之消失。

性能特点

雷克萨斯 LX 搭载一台 5.7 升 V8 全铝发动机，具有 DualVVT-i 双智能正时可变气门控制系统，最大功率为 274 千瓦（367 马力），峰值扭矩为 530 牛·米。采用六速自动变速箱,其官方称0～100公里/时加速时间为7.8秒。雷克萨斯LX采用了自行研发的四轮主动悬架高度控制系统和适应式可调悬架系统。通过将两大系统和四个车轮上的悬架整合在一起,车辆可以根据驾驶环境始终保持最佳状态,显著提升了车辆的操控性能。

雷克萨斯LX还搭载了自动爬坡控制系统。当车辆行驶在雨雪、岩石、沙地,或者陡峭山坡等需要驾驶者对速度进行细微调整的路面时,该系统会自动控制发动机的转速和动力输出以及刹车制动力,保持稳定的低速行驶。该系统启动后,驾驶者可以专注地掌控方向盘,利用三挡车速选择开关调节车速,无须分心于油门或刹车踏板的控制,使操控更加自如。不仅如此,自动爬坡控制系统还会启动差速器锁定装置,以减少车轮打滑并优化底盘表现。

雷克萨斯LX第三代外观

雷克萨斯LX第三代内饰

英菲尼迪 QX60

英菲尼迪 QX60（Infiniti QX60）是日本英菲尼迪汽车公司设计和制造的前置前驱/四驱 SUV，2012 年开始生产，官方指导价为 47.98 万～56.98 万元人民币。

基本参数	
长度	5083 毫米
宽度	1961 毫米
高度	1722 毫米
轴距	2901 毫米
整备质量	1941 千克

外观内饰

英菲尼迪 QX60 鲨鱼式的前脸虽然还是家族式的设计理念，但是熏黑的中网还是具有一定的高级感，再加上流行的镀铬装饰条，把整个中网都包围了起来，使车辆看起来更加时尚动感。两侧的 LED 前大灯造型美观，设计感十足的日间行车灯还可以智能判断路况。车身侧面的线条设计非常动感，彰显大型豪华 SUV 硬派设计，使车辆的颜值更上一层楼。

内饰方面，英菲尼迪 QX60 采用了电子冷光发光仪表盘，其鲜明的颜色非常醒目，让驾驶者能够清晰地看到各种车辆信息。2901 毫米的轴距让车内拥有充足的空间，其驾驶舱采用了三排七座的布局。车内独创性的第二排座椅具有倾斜和滑动功能，最多能向前向后移动 14 厘米，能够确保每位乘客都享受到舒适的驾乘体验。而且第二排座椅能够实时折叠，方便乘坐第三排的乘客上车。

性能特点

英菲尼迪 QX60 汽油版搭载一台 3.5 升 V6 发动机，混动版搭载一台 2.5 升 I4 发动机和一台电动机。该车采用了无级变速技术，驾驶者无须换挡就能加速，操控起来非常方便。英菲尼迪 QX60 配备倒车碰撞预防系统,在倒车过程中能够避免碰撞的发生。此外,还有车距控制辅助系统,能够帮助驾驶者与前车保持安全车距。而智能刹车辅助系统在发现有碰撞的可能时,会向驾驶者发出警告。

英菲尼迪 QX60 外观

英菲尼迪 QX60 内饰

英菲尼迪 QX80

英菲尼迪 QX80（Infiniti QX80）是日本英菲尼迪汽车公司设计和制造的前置后驱/四驱 SUV，2004 年开始生产，2010 年推出第二代车型，官方指导价为 113.8 万元人民币。

基本参数（第二代）	
长度	5290 毫米
宽度	2047 毫米
高度	1940 毫米
轴距	3075 毫米
整备质量	2785 千克

外观内饰

在外观上，英菲尼迪 QX80 与家族其他车型的设计风格语言基本相同，巨大蜂窝状金属材质格栅非常引人注目，车身方正扎实。内饰方面，有着十分浓厚的豪华氛围，也略显年代感。8 英寸液晶显示屏功能齐全。前排座椅宽大舒适，真皮包裹配合菱形缝线看起来很漂亮，主驾驶座椅配有记忆功能。后排座椅可选装行政套装，采用独立设计，中间的扶手杯架比较宽大。

性能特点

英菲尼迪 QX80 搭载一台型号为 VK56 的 5.6 升 V8 自然吸气发动机，最大功率为 328 千瓦（440 马力），峰值扭矩为 555 牛·米，在发动机转速达到 4000 转/分时爆发出来。传动系统采用带有自适应学习程序的七速手自一体变速箱。

英菲尼迪QX80第二代外观

英菲尼迪QX80第二代内饰

讴歌 MDX

讴歌 MDX（Acura MDX）是日本讴歌汽车公司设计和制造的前置前驱/四驱 SUV，2000 年开始生产，到 2020 年已经发展到第三代，官方指导价为 69.8 万～84.8 万元人民币。

基本参数（第三代）	
长度	4983 毫米
宽度	1961 毫米
高度	1717 毫米
轴距	2819 毫米
整备质量	1796 千克

外观内饰

讴歌 MDX 采用钻石五边形进气格栅，辨识度较高且立体感较强。造型锋利的前大灯采用 LED 光源，并标配大灯清洗装置。腰线设计使整车带有层次感。车尾部分，尾灯设计较为狭长，并在尾灯之间加入了镀铬饰条连接，增加了精致感。

讴歌 MDX 的内饰设计比较稳重、中庸，中控区域分工明确，上方提供导航、实时动力分配、倒车影像等信息，下方则提供多媒体娱乐、空调控制等功能。座椅空间方面，讴歌采用了"2+3+2"的布局，在平时可将第三排座椅完全放倒，从而可以得到较为充足的行李厢空间。当后两排座椅均放倒时，后备厢容积可扩充到 1344 升。

性能特点

讴歌 MDX 汽油版搭载 3.5 升 V6 自然吸气发动机，匹配九速自动变速箱。该发动机采用了智能动力管理系统技术，能提供最大 234 千瓦（314 马力）的动力输出，以及 368 牛·米的峰值扭矩。讴歌 MDX 搭载了 AcuraLink 交互信息系统，为驾驶带来更广泛的便利、多媒体和安全功能。安全方面，该车配备了防抱死制动系统、电子制动力分配系统、刹车辅助、车辆稳定性辅助、循迹控制系统、多角度倒车显示系统、碰撞警告系统、车道偏离警示系统、车道保持辅助系统、主动式巡航控制系统、盲点侦测系统以及碰撞缓冲刹车系统等先进的主动式安全配备。

讴歌 MDX 第三代外观

讴歌 MDX 第三代内饰

日产途乐

日产途乐（Nissan Patrol）是日本日产汽车公司设计和制造的前置后驱/四驱 SUV，1951 年开始生产，到 2020 年已经发展到第六代，官方指导价为 55.8 万～139 万元人民币。

基本参数（第六代）	
长度	5165 毫米
宽度	1995 毫米
高度	1940 毫米
轴距	3075 毫米
整备质量	2695 千克

外观内饰

日产途乐的前脸非常具有力量感，进气格栅尺寸较大，两边的 LED 大灯与格栅紧紧相连，造型相当犀利。为了更好地展现立体感，整个前脸使用了三段式镀铬进行包裹设计，以增强视觉冲击力。车身侧面有两根明显的腰线，彰显出车辆的力量感。车尾的尾灯与前大灯相互呼应，车尾也加入了一条流畅的线条以及银色的镀铬条进行装饰，非常时尚。

日产途乐的内饰简洁舒适，中控部分的设计具有豪华感，使用了皮革、木材以及铝条作为点缀。该车采用豪华轿车惯用的四幅方向盘设计，集成了音响、空调控制及蓝牙车载免提系统，使驾驶者在行车中更为安全，做到手不离方向盘。日产途乐采用 3 排 7 座布局，座椅宽大舒适，可以为 7 口之家带来更方便和谐的旅行体验。

性能特点

日产途乐搭载 5.6 升 V8 发动机，最大功率达到了 298 千瓦（400 马力），峰值扭矩达到 550 牛·米，得益于日产的 VVEL（可变气门正时和升程）和 DIG（汽油直喷系统）等技术的运用，该发动机在油耗方面有着让人满意的表现。与发动机匹配的传动装置是七速自动变速箱。日产途乐配备了液压车身动态控制系统，让车辆过弯稳、减震强、抓地牢，并提升了驾乘舒适性。此外，还有全方位越野监控系统，可实现实时监控，驾驶者能够可视化掌握方向指南、轮胎打滑、转向角、胎压及油耗等信息。

日产途乐第六代外观

日产途乐第六代内饰

第 5 章

经典皮卡

　　皮卡是一种前部具有轿车车头和驾驶室，后部带有敞开式货车车厢的车型。其特点是既有轿车般的舒适性，又不失动力强劲，而且载货能力和适应不良路面的能力比轿车更强。

福特 F-150 猛禽

福特 F-150 猛禽（Ford F-150 Raptor）是美国福特汽车公司设计和制造的皮卡，是福特 F-150 系列皮卡中的特别型号，2009 年开始生产，2017 年推出第二代车型，官方指导价为 52.38 万～ 61.28 万元人民币。

基本参数 (第二代)	
长度	5890 毫米
宽度	2190 毫米
高度	1990 毫米
轴距	3710 毫米
整备质量	2584 千克

外观内饰

福特 F-150 猛禽有着巨大的长方形蜂窝式格栅，中间镶嵌着福特的大标，再加上粗壮的前保险杠和银色护板，以及颇有野性气息的黑色塑料轮眉，使车头拥有了强烈的冲击力。大灯完全镶嵌在车头上，发动机盖棱角分明。虽然福特 F-150 猛禽的轴距超过了 3.7 米，但高底盘的设定和大脚轮胎依旧让车身的比例十分协调。

福特 F-150 猛禽中控台的布局彰显硬朗粗犷的风格，多功能方向盘集成了音响系统、定速巡航及蓝牙电话等控制按键。中央控制区搭配了触控式显示屏，其下方则是多媒体控制区及空调面板，采用旋钮加物理按键的组合。前排座椅配有电加热和电通风功能，真皮座椅乘坐舒适，第二排坐垫可以向上翻起，后排乘客的腿部空间非常宽裕。

性能特点

福特 F-150 猛禽第一代车型搭载 5.4 升 V8 自然吸气发动机和 6.2 升 V8 自然吸气发动机，配备六速自动变速箱。第二代车型顺应涡轮增压发动机的潮流，换装了 3.5

升 V6 双涡轮增压发动机，配备十速自动变速箱，最大功率高达 283 千瓦（380 马力），峰值扭矩达 672 牛·米。作为性能版车型，福特 F-150 猛禽能在 6 秒内完成 0～100 公里/时加速。

福特 F-150 猛禽第二代外观

福特 F-150 猛禽第二代内饰

福特游骑兵

福特游骑兵（Ford Ranger）是美国福特汽车公司设计和制造的皮卡，1983 年开始生产，到 2020 年已经发展到第四代，官方指导价为 29.98 万元人民币。

基本参数 (第四代)	
长度	5359 毫米
宽度	1849 毫米
高度	1815 毫米
轴距	3226 毫米
整备质量	1866 千克

外观内饰

福特游骑兵以高大的车身和 SUV 般的驾乘感受为主要卖点。该车拥有尺寸较大的三幅进气格栅，粗大的前保险杠，高端型号还采用了镀铬的前进气格栅以及后保险杠。该车的内饰设计偏向于实用性和耐用性，同时考虑了人机工学。设计师充分考虑了驾驶者的驾驶空间以及乘坐舒适性，并且方便驾驶者和乘客进出。同时，卡车的设计风格也保证了它的内饰要比其他车型更加耐用。

性能特点

福特游骑兵有多种动力配置可选，汽油版有 2.3 升 I4 涡轮增压发动机搭配十速自动变速箱、2.5 升 I4 自然吸气发动机搭配五速手动变速箱；柴油版有 2 升 I4 涡轮增压发动机搭配十速自动变速箱、2.2 升 I4 涡轮增压发动机搭配六速手动 / 自动变速箱、3.2 升 I5 涡轮增压发动机搭配六速手动 / 自动变速箱。其中，2.3 升 I4 涡轮增压汽油发动机的最大功率为 201 千瓦（270 马力），峰值扭矩为 420 牛·米。

第 5 章　经典皮卡

福特游骑兵第四代外观

福特游骑兵第四代内饰

雪佛兰 SSR

雪佛兰 SSR（Chevrolet SSR）是美国雪佛兰汽车公司设计和制造的皮卡，在 2003—2006 年期间生产，官方指导价为 198 万元人民币。

基本参数	
长度	4864 毫米
宽度	1996 毫米
高度	1621 毫米
轴距	2946 毫米
整备质量	2248 千克

外观内饰

雪佛兰 SSR 的外观设计有着明显的 20 世纪 40 年代风格，例如中央圆弧隆起的发动机盖，四个车轮的轮眉叶子板呈巨大拱形向后延伸。这不同于后来坚实硬朗直线风格的肌肉车，但依旧有着很强的力量感。雪佛兰 SSR 还有一个特别之处，就是它的敞篷功能，这在皮卡中是一种非常少见的设计。该车配备的是一个电动可折叠敞篷，车顶收起后放置于驾驶室和后储物斗的夹层中间。雪佛兰 SSR 的内饰可以用低调奢华来形容，座椅非常简单，但非常宽敞、舒适，采用优质材料制成，覆盖着高质量的皮革。方向盘采用大四幅设计，配有用于管理多媒体的按钮。

性能特点

虽然是一辆皮卡，但是雪佛兰 SSR 的储物空间并不大，这和它的设计风格和用途有关。雪佛兰 SSR 是一辆偏向运动的车，主要功能并非载货。从外形上看，雪佛兰 SSR 就是一辆简单的皮卡，但由于配备了强劲的 6 升 V8 自然吸气发动机（2003—

2004 年车型采用 5.3 升 V8 自然吸气发动机），高速驰骋时它又是一辆跑车。该车配备六速手动变速箱（2003—2004 年车型采用四速自动变速箱），最大功率为 291 千瓦（390 马力），峰值扭矩为 542 牛·米，0～100 公里/时加速时间为 5.3 秒。

雪佛兰 SSR 外观

雪佛兰 SSR 内饰

雪佛兰索罗德

雪佛兰索罗德（Chevrolet Silverado）是美国雪佛兰汽车公司设计和制造的皮卡，1998年开始生产，到2020年已经发展到第四代，官方指导价为59.99万～69.9万元人民币。

基本参数（第四代）	
长度	5353毫米
宽度	2063毫米
高度	1917毫米
轴距	3213毫米
整备质量	3100千克

外观内饰

作为一款纯正的美式皮卡，雪佛兰索罗德的车头方方正正，发动机盖上的线条充满肌肉力量感，整体的厚重感很强。而且从第一代车型开始，到目前第四代车型，上下分层的中网造型一直没有变化。整个中网包括车标都是黑色，使宽大的车头看起来更加霸气。车身侧面的线条非常平直，简单的线条设计凸显出充满力量的车身。该车采用电动伸缩的脚踏板，开门时会自动弹出。雪佛兰索罗德的内饰非常豪华，可以媲美中高级轿车。车内中控台、扶手处、门板等均由真皮包裹。部分车型还大量使用了桃木装饰板。

性能特点

雪佛兰索罗德按照装载能力共有1500、2500和3500多个版本，名字中的"1500"意味着它最多可搭载约680千克货物，其他版本依次类推。另外，按照车厢结构还有Regular Cab、Extented Cab、Crew Cab多种车型，而按照特性取向（偏越野能力或者豪华属性）不同还可分为LT、LTZ、Z71 LT、Z71 LTZ等。该车有多种动力配置可选，包括2.7升I4涡轮增压汽油发动机、4.3升V6自然吸气汽油发动机、5.3

升 V8 自然吸气汽油发动机、5.3 升 V8 自然吸气汽油发动机、6.2 升 V8 自然吸气汽油发动机和 3 升 I6 自然吸气柴油发动机。其中，6.2 升 V8 发动机搭配八速自动变速箱，最大功率为 313 千瓦（420 马力），峰值扭矩为 624 牛·米。

雪佛兰索罗德第四代外观

雪佛兰索罗德第四代内饰

雪佛兰科罗拉多

雪佛兰科罗拉多（Chevrolet Colorado）是美国雪佛兰汽车公司设计和制造的皮卡，2003年开始生产，2012年推出第二代车型，官方指导价为54.99万～59.99万元人民币。

基本参数（第二代）	
长度	5347 毫米
宽度	1882 毫米
高度	1781 毫米
轴距	3258 毫米
整备质量	1819 千克

外观内饰

雪佛兰科罗拉多采用了鲨鱼式前脸设计，并且侧面腰线微微上扬，让人依稀看到1967年款雪佛兰C10皮卡的影子。它的外观设计整体看似棱角分明，但实际上各部分处理都十分圆润，在严肃之中又显得平易近人。雪佛兰科罗拉多的内饰表面大部分采用暗色塑料材质覆盖，开关旋钮等部件显得有些廉价。另外，门板内侧的储物空间形状不规则，因此实际利用率不高。不过，该车的座椅人机工学设计非常合理，并且座椅具有出色的舒适性，对于长途驾驶来说可以大大降低驾乘人员的疲劳程度。

性能特点

雪佛兰科罗拉多搭载一台227千瓦（305马力）的3.6升V6发动机，匹配六速自动变速箱。这套动力系统已经在雪佛兰科迈罗以及凯迪拉克CTS等车型上得到了充分验证。该发动机能够在4000转/分时输出233千瓦（313马力）的最大功率和373牛·米的峰值扭矩。

雪佛兰科罗拉多第二代外观

雪佛兰科罗拉多第二代内饰

GMC 西塞拉

GMC 西塞拉（GMC Sierra）是美国通用汽车公司设计和制造的皮卡，1998 年开始生产，到 2020 年已经发展到第四代，官方指导价为 62.8 万～ 76.8 万元人民币。

基本参数（第四代）	
长度	5845 毫米
宽度	2060 毫米
高度	1890 毫米
轴距	3645 毫米
整备质量	2530 千克

外观内饰

GMC 西塞拉的整体设计保留了美式高端皮卡的形象，拥有巨大的车身尺寸、硬朗的线条设计、丰富的外部功能。双座舱加货厢的布局形式也展现了其较为全能的实用性。GMC 西塞拉的驾驶舱将近 2/3 的结构部分采用高强度钢材制作而成，正是这坚如堡垒般的外壳成就了它极致安静的内舱。这种钢材同样应用于全框架导轨以及主要零部件。该车的内饰注重舒适、精致与便利，配备了真皮包裹方向盘、8 英寸彩色显示屏、DVD/MP3 播放器、5.1 声道博士音响系统、智能车载交互系统等。

性能特点

GMC 西塞拉有两种动力配置，即 5.3 升 V8 自然吸气发动机和 6.2 升 V8 自然吸气发动机，均采用直喷技术、主动燃料管理与可变气门正时系统。其中，5.3 升发动机的最大功率为 268 千瓦（360 马力），搭配八速手自一体变速箱，0 ～ 100 公里 / 时加速时间仅需 5.5 秒。GMC 西塞拉较大的车身尺寸带来了充足的驾乘空间，让前后排乘客都不会因为腿部空间不足而导致腿部发麻。

第5章 经典皮卡

GMC 西塞拉第四代外观

GMC 西塞拉第四代内饰

道奇公羊

道奇公羊（Dodge Ram）是美国道奇汽车公司设计和制造的皮卡，1980年开始生产，到2020年已经发展到第五代，官方指导价为65万元～75万元人民币。

基本参数（第五代）	
长度	5814毫米
宽度	2084毫米
高度	1966毫米
轴距	3569毫米
整备质量	3500千克

外观内饰

道奇公羊外形紧凑，前脸短小，与前挡风玻璃有弧形过渡，整体感较好。宽大的散热格栅位于车头正中位置，方形的前大灯组与格栅融为一体。为减小风阻，车顶造型比较圆滑。铁质前保险杠带有拖车钩，散发着金属气息，沉稳大气。另外，道奇公羊在全系列车型当中采用裙边设计，显得车身更加稳重。道奇公羊的真皮座椅各自独立，具有加热、通风等舒适功能，每个座椅独立配一个操控手柄，各项功能由乘坐者自己控制，运动座椅所带来的包裹性要比普通座椅好很多，后排中间乘客同样拥有头枕和三点式安全带。中控台的设计简洁硬派，符合道奇公羊的气质。仪表盘底边有花纹，凸显了车辆的文雅性，完全摆脱了美式的粗糙感，无论是边缘、接缝，都处理得极为精细。12英寸中控大屏具备分屏功能，使操控更加便捷。

性能特点

道奇公羊配备了克莱斯勒汽车公司研发的5.7升V8自然吸气发动机，最大功率为287千瓦（385马力），峰值扭矩达548牛·米。该车的底盘采用的是98%高强度钢,提高了耐用性、刚度和操控性,同时还获得了减重的效果。道奇公羊的存储容量较大,最高可达 151.1 升。

道奇公羊第五代外观

道奇公羊第五代内饰

梅赛德斯—奔驰 X 级

梅赛德斯—奔驰 X 级（Mercedes-Benz X Class）是德国梅赛德斯—奔驰汽车公司设计和制造的皮卡，在 2017—2020 年期间生产，官方指导价为 29 万元人民币。

基本参数	
长度	5340 毫米
宽度	1920 毫米
高度	1819 毫米
轴距	3150 毫米
整备质量	2136 千克

外观内饰

梅赛德斯—奔驰 X 级是日产纳瓦拉和雷诺阿拉斯加的姐妹车型，整体设计极其相似，仅对外观和内饰的细节进行了部分修改。该车在外观上由低到高可分为 Pure、Progressive、Power 三种外观样式。双幅式前进气格栅以及多边形的前大灯造型都采用了明显的家族式设计元素，其中高配车型配备 LED 灯组。另外，前/后包围也根据配置的不同而不同。货厢内部规整，不仅提供了防滑条，还配备了照明系统以及 12V 电源。内饰方面，中控台提供了包括亚光黑色、铝制效果以及棕色木纹效果在内的三种不同风格可供用户进行选择。配置上，拥有 8.4 英寸显示屏、全景影像以及导航等装置。

性能特点

梅赛德斯—奔驰 X 级有四种动力配置，最大载荷为 1042 千克，牵引能力在 1650～3500 千克。X200 搭载一台 2 升 I4 涡轮增压汽油发动机，匹配六速手动变速箱或七速自动变速箱，最大功率为 124 千瓦（166 马力），峰值扭矩为 238 牛·米。X220d 和 X250d 搭载 2.3 升 I4 涡轮增压柴油发动机，最大功率分别为 122 千瓦（163 马力）和 142 千瓦（190 马力），峰值扭矩分别为 403 牛·米和 450 牛·米。两款柴油版车型还可搭载四驱系统，X200 则为后轮驱动方式。X350d 搭载 3 升 V6 涡轮增压柴油发动机，最大功率为 142 千瓦（258 马力），峰值扭矩为 550 牛·米。

梅赛德斯—奔驰 X 级外观

梅赛德斯—奔驰 X 级内饰

大众阿玛洛克

大众阿玛洛克（Volkswagen Amarok）是德国大众汽车公司设计和制造的皮卡，2010 年开始生产，官方指导价为 42 万～47.6 万元人民币。

基本参数	
长度	5181 毫米
宽度	1944 毫米
高度	1820 毫米
轴距	3095 毫米
整备质量	1737 千克

外观内饰

大众阿玛洛克的前脸颇具侵略性，全宽度格栅与大众途锐不太一样，发动机罩微微上倾。车身侧面借鉴了大众途昂的灵感，巨大的轮毂、方形轮眉以及笔直的腰线，力量感十足。由于使用了越野轮胎，大众阿玛洛克的离地间隙相当大。透过剖开的前保险杠，可以看到底盘防护板和前悬架的大部分。

内饰方面，大众阿玛洛克采用与大众轿车相似的设计。在暗黑的基调之中，直、方与圆形线条占了绝大多数，没有复杂的曲线与过多的装饰，显得朴实而优雅。中控台的铺陈显得简单而实用，上方整合卫星导航、蓝牙行动通信的多媒体音响系统，搭配下方的双区恒温空调系统，简单地将中控台界面一分为二，并且运用操作面板上的黑色镜面饰板，以及旋钮、按键上的金属元素点缀，使中控台的质感得到提升。

性能特点

大众阿玛洛克有三种动力配置，包括 2 升 I4 涡轮增压汽油发动机、2 升 I4 涡轮增压柴油发动机和 3 升 V6 涡轮增压汽油发动机。传动系统有六速手动变速箱和八速自动变速箱两种。其中，3 升 V6 涡轮增压汽油发动机的最大功率为 203 千瓦（272 马力），峰值扭矩为 580 牛·米。

第 5 章 经典皮卡

大众阿玛洛克外观

大众阿玛洛克内饰

丰田坦途

丰田坦途（Toyota Tundra）是日本丰田汽车公司设计和制造的皮卡，1999 年开始生产，2007 年推出第二代车型，官方指导价为 49 万～ 61.8 万元人民币。

基本参数（第二代）	
长度	5329 毫米
宽度	2029 毫米
高度	1935 毫米
轴距	3220 毫米
整备质量	1785 千克

外观内饰

丰田坦途的外观设计具有明显的美式风格，宽大的进气格栅几乎占据了整车的头部，与边角略微上扬的车灯组成了近似牛头的图案。该车的设计更为接近工作用卡车，所以它的尾箱也没有设计可以用于封闭的隔板。车身侧面非常敦实，肌肉感较强。两侧的玻璃采用的是单向透光玻璃，增加了车内乘客的私密性。肌肉感的外观设计同样延续到内饰的设计中，丰田坦途的内饰运用了大量的垂直线条烘托出整体的硬派风格。

性能特点

丰田坦途搭载了三款发动机，分别是 4 升 V6 发动机（最大功率 201 千瓦）、4.6 升 V8 发动机（最大功率 231 千瓦）、5.7 升 V8 发动机（最大功率 284 千瓦）。与发动机匹配的传动装置是五速手动变速箱和六速自动变速箱。在皮卡市场相对成熟的美国市场，丰田坦途的竞争车型主要为福特 F-150、道奇公羊以及 GMC 西塞拉了款车型，虽然其共同特征均为肌肉派风格，但是丰田坦途的性价比相对较高。

丰田坦途第二代外观

丰田坦途第二代内饰

丰田海拉克斯

丰田海拉克斯（Toyota Hilux）是日本丰田汽车公司设计和制造的皮卡，1968 年开始生产，到 2020 年已经发展到第八代，官方指导价为 20 万元人民币。

基本参数（第八代）	
长度	5275 毫米
宽度	1855 毫米
高度	1700 毫米
轴距	3085 毫米
整备质量	1955 千克

外观内饰

丰田海拉克斯采用了目前较为流行的设计手法，整体保留丰田皮卡车型一贯的硬朗气质，并在细节处理上融入了更加精致的设计元素。前脸做了优化设计，让中网与保险杠底部的进气格栅融为一体。前大灯采用 LED 灯组。车身侧面采用简洁的设计风格，前后轮拱都采用黑色塑料件覆盖，在减小剐蹭带来损失的同时也显得更加硬派。

内饰方面，高配版配备了一台信息娱乐中控大屏（带有基础物理按键），而低配车型则装配了更为简单的屏幕，但两者都支持 Apple CarPlay 和 Android Auto 智能互联。此外，还支持无钥匙进入和一键启动、卫星导航、自动空调、前后驻车雷达以及 JBL Premium 音响系统。

性能特点

丰田海拉克斯可分为两驱和四驱两种车型，四驱车型采用了带有后桥差速锁的分时四驱系统，并且带有低速四驱模式。该车有多种动力配置可选，汽油版有 2 升 I4 自然吸气发动机、2.7 升 I4 自然吸气发动机和 4 升 V6 自然吸气发动机，柴油版有

2.4 升 I4 涡轮增压发动机、2.5 升 I4 涡轮增压发动机、2.8 升 I4 涡轮增压发动机、3 升 I4 涡轮增压发动机和 3 升 I4 自然吸气发动机。其中，4 升 V6 自然吸气汽油发动机的最大功率为 175 千瓦（235 马力），峰值扭矩为 376 牛·米。传动系统有五速手动变速箱、六速手动变速箱、五速自动变速箱和六速自动变速箱。

丰田海拉克斯第八代外观

丰田海拉克斯第八代内饰

丰田塔科马

丰田塔科马（Toyota Tacoma）是日本丰田汽车公司设计和制造的皮卡，1995年开始生产，到2020年已经发展到第三代，官方指导价为28万元人民币。

基本参数（第三代）	
长度	5392毫米
宽度	1890毫米
高度	1793毫米
轴距	3236毫米
整备质量	2007千克

外观内饰

丰田塔科马的车头造型结实有力，发动机盖高高隆起，从六边形进气格栅一直向后延伸的线条勾勒出孔武有力的硬汉形象。进气格栅采用分层式结构，加以镀铬包边处理，前大灯内部有LED日间行车灯。

内饰方面，由硬朗线条和规则曲线组成的内饰风格较为粗犷。中控台设计简单明了，配有大尺寸液晶屏幕，驾驶者可以方便地读取显示屏上的信息。车载系统支持苹果CarPlay和谷歌Android Auto两种连接方式，紧跟时代步伐。Entune影音娱乐系统搭配JBL扬声器提供了不错的音响效果。由于车厢地板较高，而座椅坐姿很低，由此造成乘客腿部支撑不足，长途旅行容易感到疲劳。好在车内其他部分的设计都很好地考虑了人机工学，并且做工和用料均属上乘。

性能特点

丰田塔科马搭载3.5升V6发动机，采用丰田独特的D-4S双喷射系统，该系统可以根据工况在歧管喷射和缸内直喷两种喷油模式之间进行调节，从而实现燃烧效率和动力性能的双重提升。该发动机的最大功率为207千瓦（278马力），峰值扭矩为359牛·米。与发动机匹配的是六速自动变速箱和六速手动变速箱，用户可以根据需求自行选择。得益于发动机噪音的降低以及更加精良的隔音处理，丰田塔科马的驾驶室噪音很小。

丰田塔科马第三代外观

丰田塔科马第三代内饰

马自达 BT-50

马自达 BT-50（Mazda BT-50）是日本马自达汽车公司设计和制造的皮卡，2006 年开始生产，到 2020 年已经发展到第三代，官方指导价为 20.3 万～ 36.4 万元人民币。

基本参数（第三代）	
长度	5280 毫米
宽度	1870 毫米
高度	1790 毫米
轴距	3125 毫米
整备质量	1708 千克

外观内饰

马自达 BT-50 的进气格栅采用家族式盾形设计，设有镀铬装饰条。两侧大灯采用开眼角并与进气格栅相连接的设计，下部两侧雾灯采用垂直布置，看起来精致时尚。车身侧面腰线稳健流畅，两侧车门下方的脚踏板设计非常实用，大尺寸轮拱和铝合金轮毂的设计也为车辆增添了几分时尚气息。车尾部分，两侧竖直的尾灯别具一格，符合车辆的硬派气质，排气管位于车身底部。

内饰方面，马自达 BT-50 采用马自达家族式的简约设计布局，车内以黑色为主，并以镀铬装饰条装饰，沉稳时尚。中控台层次感清晰，中间配有 9 英寸液晶显示屏。三幅式多功能方向盘和液晶仪表板的设计，进一步凸显出科技气息。

性能特点

马自达 BT-50 配备了与五十铃 D-Max 同平台的 3 升 I4 涡轮增压柴油发动机，最大输出功率为 140 千瓦（188 马力），峰值扭矩为 450 牛·米。与之匹配的是六速手动变速箱和六速自动变速箱。此外，部分车型还配备四驱驱动系统，可以轻松适应各种复杂的道路，越野性能一流。

马自达 BT-50 第三代外观

马自达 BT-50 第三代内饰

五十铃 D-Max

五十铃 D-Max（Isuzu D-Max）是日本五十铃汽车公司设计和制造的皮卡，2002 年开始生产，到 2020 年已经发展到第三代，官方指导价为 14.48 万～ 22.48 万元人民币。

基本参数（第三代）	
长度	5230 毫米
宽度	1810 毫米
高度	1690 毫米
轴距	3125 毫米
整备质量	1922 千克

外观内饰

五十铃 D-Max 的外观造型饱满硬朗，其有极富视觉冲击力的前脸特点。车头多采用平直富有棱角感的线条加以勾勒，并在中网处应用了大量的镀铬装饰，一直上扬延伸至侧翼子板。大灯则使它更具辨识度。前部灯光采用透镜卤素式大灯，尾部也是卤素光源。由于过高的离地间隙，为方便乘客上下车，车身侧面还配有脚踏板。轮毂造型简洁明朗，其采用的偏向越野类型的轮胎非常贴合其车型定位，提升了五十铃 D-Max 在非铺装路面中的抓地力。

五十铃 D-Max 的内饰设计简洁，三辐式多功能方向盘用皮质包裹，中控台采用 T 形布局，中央配备嵌入式彩色显示屏，并集成导航、蓝牙以及收音机等功能。下方实体按键采用圆形设计，并配有银色饰条点缀。该车的驾乘空间十分充裕，后排乘客也能伸展身体。此外，五十铃 D-Max 全系车型标配双安全气囊和倒车影像。

性能特点

五十铃 D-Max 第三代车型有 1.9 升和 3 升两种排量的柴油发动机，配备六速手动或六速自动变速箱。该车采用非承载式车身结构，独立双横臂螺旋弹簧前悬，刚性大，强度高，具备优秀的抗扭矩能力和通过性，并确保五十铃 D-Max 在同级别皮卡中拥有出色的越野性能。

五十铃 D-Max 第三代外观

五十铃 D-Max 第三代内饰

日产泰坦

日产泰坦（Nissan Titan）是日本日产汽车公司设计和制造的皮卡，2003年开始生产，2016年推出第二代车型，官方指导价为33.5万元人民币。

基本参数（第一代）	
长度	5705毫米
宽度	2019毫米
高度	1933毫米
轴距	3551毫米
整备质量	2285千克

外观内饰

日产泰坦的外观造型保留了全尺寸皮卡的力量感，前脸采用了面积较大的进气格栅，不仅外观看上去很霸气，也有利于发动机散热。该车运用了大量的镀铬饰材进行装饰，包括中网、镶边以及下包围。另外，前车灯和尾灯都采用了LED光源，并有日间行车灯。

虽然日产泰坦从外观上看是一辆典型的美式风格皮卡，但是内饰却十分豪华细腻。中控区域造型简洁，大量使用木纹饰板和皮质材料，颇具豪华气息。车内装有8英寸高分辨率液晶屏，支持苹果/安卓手机互联。内置WIFI路由器，可使多部手机联网使用。为了减缓驾驶者长途行车的疲劳，还配备了前后零重力座椅。这些座椅是利用美国航空航天局对人体的研究成果设计而成的，可以增加长时间行驶时的舒适性。

性能特点

日产泰坦搭载5.6升汽油发动机，最大功率为298千瓦（400马力），峰值扭矩为560牛·米。早期车型匹配七速自动变速箱，2020年换装九速自动变速箱。在安全性能方面,日产泰坦配备日产安全盾 360 驾驶辅助设备,包括自动紧急制动、盲点监测、后方交叉交通警报、车道偏离警告、自适应巡航控制、前向碰撞警告、交通标志识别、司机警觉性监视器和 360°相机系统等多种保障驾驶安全的系统。

日产泰坦第二代外观

日产泰坦第二代内饰

日产纳瓦拉

日产纳瓦拉（Nissan Navara）是日本日产汽车公司设计和制造的皮卡，1985年开始生产，到2020年已经发展到第四代，官方指导价为13.98万～19.58万元人民币。

基本参数（第四代）	
长度	5255 毫米
宽度	1850 毫米
高度	1820 毫米
轴距	3150 毫米
整备质量	1960 千克

外观内饰

日产纳瓦拉的前脸采用V-motion家族式设计，车身镀铬装饰的应用让它在饱满、硬朗之余又不失时尚感。内饰的设计风格以简洁实用为主基调，中控布局比较简单，舒适的座椅和优秀的隔音，让其在乘坐舒适性方面完全超出皮卡范畴。后排配备了空调出风口，因而车内温度更加均衡，而座椅除靠背较直外，在舒适性上完全不亚于前排。尾厢实用性强，长度为1562毫米，宽度为1520毫米，高度为475毫米。配置方面，可选装7英寸中控屏、货厢耐磨涂层、货厢防滚架以及侧踏板等，同时顶配和旗舰车型还配备有LED前大灯、八向电动调节驾驶席、皮质座椅、真皮方向盘以及六扬声器音响等。

性能特点

日产纳瓦拉搭载一台2.5升自然吸气汽油发动机，最大功率为137千瓦（184马力），峰值扭矩为236牛·米（两驱手动车型）和251牛·米（四驱手动/自动车型）。传动系统是五速手动（两驱）、六速手动（四驱）和七速手自一体变速箱（两驱/四驱）。悬架方面，采用了前双叉臂独立悬架和后钢板弹簧式非独立悬架。当车辆通过减速坎儿或者坑洼路段时，后排乘客会感觉到比较明显的晃动感和弹跳感。另外采用非承载式车身结构，四驱行驶为电控分时四驱，带有扭矩放大挡。

第5章 经典皮卡

日产纳瓦拉第四代外观

日产纳瓦拉第四代内饰

雷诺阿拉斯加

基本参数	
长度	5255 毫米
宽度	1850 毫米
高度	1820 毫米
轴距	3150 毫米
整备质量	1960 千克

雷诺阿拉斯加（Renault Alaskan）是法国雷诺汽车公司设计和制造的皮卡，2016年开始生产，官方指导价为23.3万～31.4万元人民币。

外观内饰

雷诺阿拉斯加的外观设计肌肉感十足，在前脸插入一个大胆的进气格栅，中间嵌入雷诺品牌标志，进气格栅两侧的前大灯比较个性，而前保险杠也令人印象深刻。前后轮的轮拱就像是运动员充满肌肉感的肩膀。内饰方面，雷诺阿拉斯加配备了中控台信息娱乐系统和空调系统，仪表盘采用机械表盘，中间还有一个行车电脑，可以显示发动机、速度、读数和冷却液温度等信息。

雷诺阿拉斯加外观

性能特点

雷诺阿拉斯加有2种型号的发动机供用户选择，一是2.5升I4汽油发动机，最大功率为119千瓦（160马力）；二是2.5升I4柴油发动机，最大功率为142千瓦（190马力）。与发动机匹配的是六速手动变速箱或七速自动变速箱。

雷诺阿拉斯加内饰

霍顿 Ute

霍顿 Ute（Holden Ute）是澳大利亚霍顿汽车公司设计和制造的皮卡，第一代车型在 2000—2007 年期间生产，第二代车型在 2007—2017 年期间生产。

基本参数（第二代）	
长度	4896 毫米
宽度	1899 毫米
高度	1471 毫米
轴距	2915 毫米
整备质量	1837 千克

外观内饰

霍顿 Ute 的外观特征是拥有轿车的车头和前排座椅，而后排座椅及尾厢部分，则变成一个货斗，外形类似皮卡，但皮卡是一台带货斗的 SUV，而霍顿 Ute 则是带货斗的轿车。霍顿 Ute 的整体造型非常运动，低矮流畅的车身线条彰显运动气质，前保险杠设计颇具侵略性。

性能特点

霍顿 Ute 有多种动力配置可选，包括 3 升 LF1 V6、3.6 L LFX V6、6.0 L L77 V8、6.2 L LS3 V8 等。与发动机匹配的是六速手动或六速自动变速箱。霍顿 Ute 标配全车六防护气囊（双前座头胸防护气囊、车侧防护气囊、车侧防护气帘）、倒车辅助、防抱死制动系统、电子刹车力分配系统、刹车力辅助系统、循迹控制系统与动态稳定控制系统等安全系统。除了完善的电子安全配备之外，霍顿 Ute 还通过转向机构设计，在车辆不幸发生碰撞时，可以吸收撞击能量，让驾驶者的膝部免受伤害。

霍顿Ute第二代外观

霍顿Ute第二代内饰

第 6 章

经典房车

　　房车，也称旅居车（Recreational Vehicle，RV），它兼具"房"与"车"两大功能，但其属性还是车，是一种可移动、具有居家必备的基本设施的车种。房车上的居家设施有卧具、炉具、冰箱、橱柜、沙发、餐桌椅、盥洗设施、空调、电视、音响等家具和电器设施，可分为驾驶区域、起居区域、卧室区域、卫生区域、厨房区域等。

马奇 EleMMent Palazzo

马奇 EleMMent Palazzo（Marchi EleMMent Palazzo）是奥地利马奇汽车公司设计和制造的豪华房车，官方指导价为 190 万英镑（约合 1744 万元人民币）。

基本参数	
长度	13700 毫米
宽度	3800 毫米
高度	6000 毫米
生活空间	33 平方米
整备质量	26000 千克

外观内饰

马奇 EleMMent Palazzo 的外观造型以概念车为原型，设计感强烈，拥有极强的未来感。房车内部有一间足够放进一台 40 英寸卫星电视的主卧，一个壁炉，一间豪华浴室，还有一间带着酒吧的休息室。驾驶室内也摆放着一张双层床。敞篷式的休息室马奇是 EleMMent Palazzo 的一大亮点，随时随地一键开启，一抬头便可饱览车外风光。此外，房车内的设施也非常丰富，不仅有无线网络覆盖，还配有地暖。房车外部还可涂上荧光颜料，保障夜间行车安全。

性能特点

马奇汽车公司表示，最大功率为 380 千瓦（510 马力）的发动机能够让 26 吨重的马奇 EleMMent Palazzo 的最高车速，达到 149 公里 / 时，每加仑（约 3.8 升）燃料可行驶 20 公里，这种高燃效要归功于出色的空气动力学设计。

第 6 章 经典房车

马奇 EleMMent Palazzo 外观

马奇 EleMMent Palazzo 内部

德特乐福斯环球旅行者 XLI 7850-2 DBM

德特乐福斯环球旅行者 XLI 7850-2 DBM（Dethleffs Globetrotter XLI 7850-2 DBM）是德国德特乐福斯房车公司设计和制造的房车，2019 年开始生产，官方指导价为 83 万元人民币。

基本参数	
长度	8720 毫米
宽度	2350 毫米
高度	3040 毫米
有效载荷	590 千克
整备质量	5000 千克

外观内饰

福特乐福斯环球旅行者 XLI 7850-2 DBM 拥有高强度的车身，硕大的前风挡采用了全景安全玻璃，不仅可以为驾驶者提供不错的视野，同时提升了安全性。在车头的下方采用了宽大的三幅式进气格栅，得益于一体式的车身设计，整个车头原创度极高。前大灯组造型简洁流畅，独立的灯源虽不时尚，但也有几分韵味，灯组下方的 LED 日间行车灯简单实用。车厢内部是典型的欧式房车布局，车内做工与用料档次较高，与它自身的定位比较吻合。在驾驶室的后方是一个会客区，主副驾驶座椅可以自由旋转，整个会客区可以容纳 4～8 人交谈、就餐等。会客区上方设有一组储物柜，尺寸不大，但做工优良。厨房位于车厢中部，会客区沙发的后方，使用空间较大，配置齐全。车厢尾部是主卧室和卫生间。

性能特点

福特乐福斯环球旅行者 XLI 7850-2 DBM 搭载一台来自菲亚特的 3 升增压柴油发动机，采用高压共轨、多点直喷技术，最大功率为 132 千瓦（177 马力）。与发动机匹配的是六速自动变速箱。安全配置方面，标配防抱死制动系统、电子制动力分配系统、电子稳定系统、驱动防滑系统、坡道辅助系统等。

德特乐福斯环球旅行者 XLI 7850-2 DBM 外观

德特乐福斯环球旅行者 XLI 7850-2 DBM 内部

莱伊卡雷索林 9009

莱伊卡雷索林 9009（Laika Rexosline 9009）是意大利莱伊卡汽车公司设计和制造的房车，官方指导价为 103 万元人民币。

基本参数	
长度	7910 毫米
宽度	2310 毫米
高度	2990 毫米
有效载荷	772 千克
整备质量	4250 千克

外观内饰

芙伊卡雷索林 9009 的车头基于空气动力学设计，横条倒梯形的进气格栅搭配凌厉的车灯，让前脸显得格外精致规整。车身后部设有附属交通工具储藏阁，车身侧面配有给水和充电接口。

为了节约空间，芙伊卡雷索林 9009 的前排座椅采用了常用的可旋转设计，主副驾驶座椅转过来之后，便可与后排和侧面座椅组成一个可供 5～6 人会客、吃饭的空间。在驾驶座椅和后排座椅之间，是可折叠的实木饭桌。与驾驶座椅不同，后排座椅采用了极为舒适的设计风格，真皮椅面、高档条绒材质蒙布里填充的是弹性极好的棉绒材质，能提供极为理想的乘坐感受。在后排座椅的后面，便是厨房、浴室以及卧室。厨房的设计十分精致，左侧是带有护罩的燃气炉灶，右侧是案板和清洗槽。总体设计十分便利，在顶部还有独立的照明和排烟装置，人性化十足。卧室采用了 2+1 设计，两张全尺寸单人床配一张作为置物台的小床。在床的两侧是带有窗帘的车窗，床头灯采用 LED 设计。在车顶部，是一块大面积的透气天窗。

性能特点

芙伊卡雷索林 9009 搭载来自菲亚特的 3 升柴油发动机,最大功率为 132 千瓦(177 马力)。该车采用前轮驱动,搭载六速手动变速箱或者六速自动变速箱。此外,还有 110 千瓦(148 马力)的 2.3 升发动机可供用户选择。

莱伊卡雷索林 9009 外观

莱伊卡雷索林 9009 内部

埃克申沙漠挑战者

埃克申沙漠挑战者（Action Desert Challenger）是奥地利埃克申汽车公司设计和制造的豪华房车，官方指导价为 150 万欧元（约合 1232 万元人民币）。

基本参数	
长度	12000 毫米
宽度	3000 毫米
高度	4000 毫米
发动机功率	600 马力
整备质量	30000 千克

外观内饰

埃克申沙漠挑战者的外观造型就像一辆普通的重型卡车，乍看起来并不豪华，但其内部别有洞天。该车就像一个移动的房子一样，配有步入式冰箱、餐饮区、可连接电视的监控摄像头，房车两边可以扩展出更多空间，还有一个梯子可以爬到房车顶部的休息区。

埃克申沙漠挑战者外观

性能特点

埃克申沙漠挑战者是专门为应对极端环境而设计的房车，采用四轴设计，发动机最大功率高达 447 千瓦（600 马力），具有出色的越野能力。该车是埃克申汽车公司生产过的尺寸最大的房车，整备质量高达 30 吨，每 50 英里（约 80 公里）就要消耗 10 加仑（约 38 升）燃油。

埃克申沙漠挑战者内部

埃克申地球巡洋舰 7500

埃克申地球巡洋舰 7500（Action Globe Cruiser 7500）是奥地利埃克申汽车公司设计和制造的豪华房车，官方指导价为 73 万欧元（约合 599 万元人民币）。

基本参数	
长度	7500 毫米
宽度	2500 毫米
高度	3850 毫米
有效载荷	4100 千克
整备质量	17900 千克

外观内饰

埃克申地球巡洋舰 7500 的车漆为军绿色，装有三组巨大的车轮，仿佛是一辆驰骋战场的军用卡车。不过，硬派的外表下隐藏着的是非常舒适的内部空间。该车是一辆适合环球旅行的移动房车，内部居住面积较大，配备卫星电视、洗衣机、烘干机、冰箱、独立浴室、衣柜及双人床等，车后还有一个平台，可以停放摩托车。

埃克申地球巡洋舰 7500 外观

性能特点

地球巡洋舰 7500 搭载一台最大功率达 537 千瓦（720 马力）的发动机，具备惊人的野外适应能力，可在寒冷天气下正常行驶，甚至可在战地使用。

埃克申地球巡洋舰 7500 内部

埃克申全球 XRS 7200

埃克申全球 XRS 7200（Action Global XRS 7200）是奥地利埃克申汽车公司设计和制造的豪华房车，官方指导价为 89 万美元（约合 620 万元人民币）。

基本参数	
长度	7200 毫米
宽度	2470 毫米
高度	3790 毫米
发动机功率	720 马力
整备质量	18000 千克

外观内饰

埃克申全球 XRS 7200 身形庞大，军绿色的车身让其看起来更加硬朗。内部装饰奢华现代，配备厨具、冰箱、洗衣机、烘干机、柜台、独立浴室、马桶、衣柜及双人床等。现代人休闲和娱乐所需的互联网、40 英寸高清电视、苹果 TV、博士音响系统也一应俱全。房车尾部还特别设计放置摩托车的平台，取车时，将尾部的升降机调下来即可。

性能特点

埃克申全球 XRS 7200 的设备高级、齐全，具有浓厚的家居气氛。该车搭载最大功率达 537 千瓦（720 马力）的发动机，配备三组大尺寸车轮，经得起山地的颠簸晃荡，能够长期在野外独立行驶，可不需要其他保障车辆。

第6章 经典房车

埃克申全球 XRS 7200 外观

埃克申全球 XRS 7200 内部

沃尔克纳 Performance S

沃尔克纳 Performance S（Volkner Performance S）是德国沃尔克纳汽车公司设计和制造的豪华房车，官方指导价为 175 万美元（约合 1220 万元人民币）。

基本参数	
长度	12000 毫米
宽度	2500 毫米
高度	3850 毫米
发动机功率	460 马力
整备质量	18000 千克

外观内饰

沃尔克纳 Performance S 的车身尺寸如同一辆公共汽车。作为超级房车，内部风格可以根据用户本人喜好量身定制，例如商务风、现代风、简约风等。沃尔克纳 Performance S 配有全套厨房设施和多个休息区，搭配昂贵实木家具和真皮沙发座椅，十分宽敞舒适。另外，还配有大量摄像头和高水准的娱乐设施。卫生间采用干湿分离设计，舒适度不亚于酒店。值得一提的是，该车还设计了拓展仓，可扩展更多空间。该车最惊人的豪华配备就是在房车中部设计了车库，可以停放一辆车身低矮的跑车。车库配备电动液压升降机，只需按下按钮，车库就可以自动收起。

性能特点

沃尔克纳 Performance S 有两种底盘可供选择，一种是沃尔沃底盘，另一种是梅赛德斯—奔驰底盘。发动机也有两种方案，最大功率分别为 321 千瓦（430 马力）和 343 千瓦（460 马力）。

沃尔克纳 Performance S 外观

沃尔克纳 Performance S 内部

美国客车鹰 45A

美国客车鹰 45A（American Coach Eagle 45A）是美国客车公司设计和制造的房车。

基本参数	
长度	13700 毫米
宽度	2600 毫米
高度	4000 毫米
整备质量	20000 千克

外观内饰

美国客车鹰 45A 革命性的外观设计采用整车高光处理，具有艺术风格。房车内部非常考究，经得起挑剔的用户对细节的要求。为了保证车内的空气质量，工程师选用了环保的材料进行内部的装饰以避免出现各种有害气味。车内采用 LED 灯管进行照明，营造出明亮温馨的气氛。车内配备了 48 英寸高清电视、博士音响以及索尼蓝光 DVD 等娱乐设施。值得一提的是，车内的一些电源包括灯光都可以通过 iPad 进行控制。

美国客车鹰 45A 的厨房放弃了燃气灶，采用了更加清洁的电磁炉，并且双灶的电磁炉已经内置到桌面的大理石板中，显得干净整洁。车载的冰箱有足够的空间来容纳出行所需的各种食材。位于厨房对面的餐桌无法折叠，让乘客专门用来享受美食。房车的中部和尾部一共有两个盥洗室，均采用大理石材料铺装。车辆右侧的拓展区就是卧室，床头两侧的窗户采光效果较好，全尺寸的大床给乘客提供了非常舒适的休息条件。

性能特点

美国客车鹰 45A 采用福莱纳 SLM 系列的底盘，动力来自康明斯 ISX15 发动机，并且匹配了爱信 4000MH 六速变速箱。为了保证舒适性和安全性，主驾驶的座椅采用了上等的真皮进行包裹并且具有 8 向调节和按摩的功能。仪表台上提供了丰富的配置来辅助驾驶，包括导航以及车后摄像头。该车的洁净水水箱容量达到了 380 升，灰水冰箱和黑水水箱的容积则分别为 230 升和 150 升。油箱的容量为 570 升。

第 6 章 经典房车

美国客车鹰 45A 外观

美国客车鹰 45A 内部

参考文献

[1] 汽车研究所．世界名车大百科 [M]．长春：吉林美术出版社，2020．
[2] 京京工作室．世界名车图典 [M]．北京：化学工业出版社，2015．
[3] 叶宏．跑车的荣耀 [M]．北京：机械工业出版社，2011．
[4] 孙玥．环球奢侈品丛书——跑车 [M]．长春：吉林人民出版社，2009．
[5] 韩晋．名车的历史 [M]．哈尔滨：哈尔滨出版社，2007．